O LADO OCULTO – TERAPIA FAMILIAR SISTÊMICA
RELATOS E CASOS CLÍNICOS

Editora Appris Ltda.
1.ª Edição - Copyright© 2025 dos autores
Direitos de Edição Reservados à Editora Appris Ltda.

Nenhuma parte desta obra poderá ser utilizada indevidamente, sem estar de acordo com a Lei nº 9.610/98. Se incorreções forem encontradas, serão de exclusiva responsabilidade de seus organizadores. Foi realizado o Depósito Legal na Fundação Biblioteca Nacional, de acordo com as Leis nos 10.994, de 14/12/2004, e 12.192, de 14/01/2010.

Catalogação na Fonte
Elaborado por: Josefina A. S. Guedes
Bibliotecária CRB 9/870

J351l 2025	Jansen, Rosiane Silvestre O lado oculto – terapia familiar sistêmica: relatos e casos clínicos / Rosiane Silvestre Jansen. – 1. ed. – Curitiba: Appris, 2025. 136 p. ; 21 cm. Inclui bibliografia. ISBN 978-65-250-7771-0 1. Terapia sistêmica (Terapia familiar). 2. Psicoterapia familiar. 3. Família. I. Título. CDD – 616.89156

Livro de acordo com a normalização técnica da ABNT

Appris
editorial

Editora e Livraria Appris Ltda.
Av. Manoel Ribas, 2265 – Mercês
Curitiba/PR – CEP: 80810-002
Tel. (41) 3156 - 4731
www.editoraappris.com.br

Printed in Brazil
Impresso no Brasil

Rosiane Silvestre Jansen

O LADO OCULTO – TERAPIA FAMILIAR SISTÊMICA
RELATOS E CASOS CLÍNICOS

Appris editora

Curitiba, PR
2025

FICHA TÉCNICA

EDITORIAL	Augusto Coelho
	Sara C. de Andrade Coelho
COMITÊ EDITORIAL E CONSULTORIAS	Ana El Achkar (Universo/RJ)
	Andréa Barbosa Gouveia (UFPR)
	Antonio Evangelista de Souza Netto (PUC-SP)
	Belinda Cunha (UFPB)
	Délton Winter de Carvalho (FMP)
	Edson da Silva (UFVJM)
	Eliete Correia dos Santos (UEPB)
	Erineu Foerste (Ufes)
	Fabiano Santos (UERJ-IESP)
	Francinete Fernandes de Sousa (UEPB)
	Francisco Carlos Duarte (PUCPR)
	Francisco de Assis (Fiam-Faam-SP-Brasil)
	Gláucia Figueiredo (UNIPAMPA/ UDELAR)
	Jacques de Lima Ferreira (UNOESC)
	Jean Carlos Gonçalves (UFPR)
	José Wálter Nunes (UnB)
	Junia de Vilhena (PUC-RIO)
	Lucas Mesquita (UNILA)
	Márcia Gonçalves (Unitau)
	Maria Margarida de Andrade (Umack)
	Marilda A. Behrens (PUCPR)
	Marília Andrade Torales Campos (UFPR)
	Marli C. de Andrade
	Patrícia L. Torres (PUCPR)
	Paula Costa Mosca Macedo (UNIFESP)
	Ramon Blanco (UNILA)
	Roberta Ecleide Kelly (NEPE)
	Roque Ismael da Costa Güllich (UFFS)
	Sergio Gomes (UFRJ)
	Tiago Gagliano Pinto Alberto (PUCPR)
	Toni Reis (UP)
	Valdomiro de Oliveira (UFPR)
SUPERVISORA EDITORIAL	Renata C. Lopes
PRODUÇÃO EDITORIAL	Adrielle Pinheiro
REVISÃO	Débora Sauaf
DIAGRAMAÇÃO	Amélia Lopes
CAPA	Kananda Ferreira
REVISÃO DE PROVA	Lavínia Albuquerque

*Aos nossos filhos, Amanda e Lucas,
amores e luzes em nossas vidas.*

SOBRE A AUTORA

O primeiro contato com a Terapia Familiar Sistêmica foi em um workshop realizado na faculdade, ainda como acadêmica. As atividades e estudos de casos realizados envolvendo a família e todo o contexto foi o necessário para despertar o interesse por essa abordagem da psicologia.

Escutar histórias foi algo presente em minha infância, pois o contato com as avós viúvas era constante e um fato interessante sobre o aniversário de ambas, ser a mesma data. Assim como, em relação aos nomes dos avôs haver uma similaridade.

Como docente em Psicologia Sistêmica, realizar o genograma como atividade com acadêmicos: verificar relacionamentos, padrões, transições, repetições, segredos, mitos familiares, ressonâncias, entre outros numa perspectiva trigeracional e tornar consciente a história familiar foi a motivação para estudos, pesquisas e formação continuada.

Estendendo-se à Psicogenealogia e ao genossociograma, assim como às possíveis maneiras de realizá-lo, incluindo cavalos e bonecos.

Com a trajetória profissional e a busca de autoconhecimento desenvolvemos habilidades e formas diferenciadas de compreensão do que faz parte de nós.

Dessa forma, espero que a leitura deste livro proporcione e possibilite caminhos de consciência da sua história familiar.

NOME SISTÊMICO

Rosiane Schöenberger Auer Biatas Kosmowski Rodrigues do Nascimento do Bellem Silvestre da Luz de Jesus de Lara da Trindade Constante Ferreira Cajser Edin

AGRADECIMENTOS

Escrever um livro é como gestar um filho. Agradeço à minha família pelo amor e acolhimento. É um ato de amor, universo de emoções, entrega, transformação e evolução.

Ao Marcos Vinícius, meu esposo, companheiro de jornada.

Aos meus pais, Wilson (*in memoriam*) e Roza, pela vida

Aos meus sogros, Celso (*in memoriam*) e Alice (*in memoriam*), pelos cuidados e acolhimento.

Aos meus antepassados.

A todos os animais, em especial à Milly (*in memoriam*), à Coco e ao Chewie.

Aos meus alunos e clientes que confiam suas histórias a mim.

À *Kimberly*, pela dedicação e as artes gráficas.

À *Rosemeri*, pelos cuidados a mim e à minha família.

Aos meus amigos e colaboradores.

Toda dor pode ser suportada se sobre ela puder ser contada uma história.

(Hannah Arendt)

APRESENTAÇÃO

"*A língua é a nacionalidade do pensamento*". Essa frase marcante do escritor José de Alencar não apenas celebra a língua como expressão cultural, mas também reflete a relação intrínseca entre linguagem e pensamento. A frase pode ser interpretada como um reconhecimento de que a linguagem reflete o pensamento o qual influencia a maneira como percebemos o mundo. Em outras palavras, a linguagem é uma função inata que permite a simbolização do pensamento e a tentativa de decodificação do pensamento dos outros e, de acordo com Alencar, isso se dá principalmente no contexto em que estamos inseridos. Assim, a linguagem é fundamental para o desenvolvimento do pensamento e para a interação social – pilares que, de forma sutil, permeiam as reflexões presentes nesta obra.

Neste livro, Rosiane Silvestre Jansen nos convida a compreender como os movimentos inconscientes e os legados transgeracionais moldam nossa vida e, muitas vezes, perpetuam padrões de dor e sofrimento. Ela apresenta, com clareza, que há possibilidade de se tomar consciência desses aspectos, fato esse que pode transformar nossas relações e nos permitir ocupar nosso verdadeiro lugar no mundo.

O título *O lado oculto – Terapia Familiar Sistêmica: relatos e casos clínicos* reflete diretamente a essência do conteúdo abordado na obra. Ele simboliza os aspectos profundos, muitas vezes inconscientes, que permeiam as dinâmicas familiares e que, mesmo invisíveis à primeira vista, influenciam intensamente os comportamentos, as relações e os ciclos de vida dos indivíduos.

Rosiane percorre temas como a história familiar, os movimentos inconscientes, o ciclo vital e os conceitos essenciais da Terapia Familiar Sistêmica, trazendo à luz a influência dos campos morfogenéticos e das ressonâncias transgeracionais. Em cada página, a autora combina sua experiência clínica com um olhar compassivo e humano, transitando pela teoria e pela prática, conteúdo esse que pode interessar tanto aos profissionais quanto aos leigos interessados em entender o universo das relações familiares.

O "lado oculto" não é apenas o que está invisível, mas o que pode ser descoberto e ressignificado.

Carolyne Mensen
Especialista em Língua Portuguesa e Literatura

PREFÁCIO

Este livro descreve uma parte da Psicologia Clínica e sua prática, é uma fala da psiquê, uma transcrição da alma. A alma é o interior do íntimo de tudo que está em nós e dentro, fora e através de nós, com ela temos o mundo para nos movimentar.

Uma perspectiva, uma busca do trabalho da alma em nossas vidas sempre é a amplitude ilimitada com relação às expressões do arquétipo, este a estrutura da psiquê. Como imagens arquetípicas, vemos as raízes das árvores o aprofundamento das nossas vidas com conexões, linguagens, reflexões, padrões que se repetem, matrizes e a nossa origem, a finalidade da natureza humana, o contínuo processo do seu movimento expressada por seus galhos, folhas, flores e frutos. Nossa história que desligamos, andamos, falamos, tropeçamos, pensamos, sentimos, percebemos, silenciamos, intuímos, ouvimos, paramos, lutamos e reinventamos...

O livro *O lado oculto – Terapia Familiar Sistêmica: relatos e casos clínicos* descreve a história da Terapia Sistêmica e casos clínicos pelo olhar da autora durante a construção da sua carreira e vivências, e busca alcançar todas as pessoas que tenham vontade, curiosidade, questões e aflições para refletir sobre o adoecer e o curar, acordar e despertar e/ou afinar, como se nossas vidas fossem músicas, pois esse encontro com nós mesmos é o olhar, o encontro do oculto, o que está na escuridão. Carrega emoções duradouras, origens e a existência.

Para chegarmos ao pertencimento, abrir e adentrar nele, olhar e sentir as imagens que carregam profundamente nossa história, a coragem e a força precisam estar ativas, pois as impurezas, variedades e ritmos são múltiplos. Crer que, dentro do seu coração, essa busca de sentido, o desenvolvimento, a natureza humana, são a base para Ser e encontrar você mesmo.

Meu respeito à escritora é inestimável, nossa história provém do mesmo interesse, apesar das linhas terapêuticas distintas, mas complementares. Acolhemos e estamos com os pacientes/clientes que fazem parte desta imensurável história de explosões, no processo de individuação.

Meus agradecimentos à Rosiane por esta oportunidade de fazer parte do nascimento deste livro, por todas as nossas conversas durante esses anos, e esta forma tênue da nossa relação. Permanecemos neste serviço, que a cada dia se transforma, tornando-se gratificante para nossas vidas.

Alexandra De Marco
Psicóloga analítica junguiana

O privilégio de uma vida é se tornar quem você realmente é.

(Carl Jung)

SUMÁRIO

PARTE 1

SOMOS FEITOS DE HISTÓRIAS
LEALDADES E MITOS FAMILIARES

FAMÍLIA E O CICLO VITAL 33
O PENSAMENTO SISTÊMICO –
O NOVO PARADIGMA DA CIÊNCIA 57
TERAPIA FAMILIAR SISTÊMICA:
HISTÓRIA DA TERAPIA FAMILIAR SISTÊMICA 61

PARTE 2
FAMÍLIA – SISTEMA – TERAPIA FAMILIAR

NOÇÕES DE SISTEMA 91
TRAJETÓRIA DA TERAPIA FAMILIAR 97
HISTÓRICO DA TERAPIA FAMILIAR NO BRASIL 103

PARTE 3
O GENOGRAMA E O CICLO VITAL

PSICOGENEALOGIA 111
   Filho de Substituição 112
   Segredos 113
   A Síndrome do Gêmeo Evanescente 113
   Cripta e Fantasma 114
   Gisant 115
RESSONÂNCIAS E CAMPOS MORFOGENÉTICOS 117

PARTE 4
CASOS CLÍNICOS

Caso 1 – Pietra 124

Caso 2 – Marcelo 124

Caso 3 – Wanderleia 125

Caso 4 – Bianca 126

REFERÊNCIAS 131

> *Por tanto amor / Por tanta emoção /*
> *A vida me fez assim / Doce ou atroz /*
> *Manso ou feroz / Eu, caçador de mim [...]*
> *Vou me encontrar / Longe do meu lugar /*
> *Eu, caçador de mim*
>
> *(Milton Nascimento)*

Conhecer a si mesmo é o ponto de partida para viver em paz, tomar decisões assertivas em todas as áreas da vida e encontrar um propósito. Tornar consciente o que está no inconsciente, fazer escolhas por si mesmo e assumir responsabilidade por essas escolhas são os pilares da verdadeira liberdade. Porém, muitas pessoas não têm plena consciência de quem realmente são.

Grande parte do sofrimento humano está relacionado à imagem mental distorcida que fazemos de nós mesmos e da nossa vida, o que é percebida como destino. Carl Jung (1964) psiquiatra e psicoterapeuta suíço, fundador da psicologia analítica, ressalta a importância de ampliar a consciência e trazer à tona aquilo que está oculto em nosso interior.

É essencial compreender a história familiar e os movimentos inconscientes que nos guiam, para evitar a repetição de padrões de dor e sofrimento. Ao tomar consciência desses aspectos, assumimos o legado familiar e encontramos nosso verdadeiro lugar no mundo.

O legado é pessoal, mas envolve também uma conta emocional herdada que passa de geração para geração. Por isso, é fundamental entender o que herdamos de nossos antepassados e identificar se estamos em ressonância com algum membro da família.

Herdamos traumas e segredos inconscientes, ao olhar para essas heranças e torná-las conscientes, é possível ressignificar e libertar-se dos padrões familiares que nos limitam.

PARTE 1

SOMOS FEITOS DE HISTÓRIAS
Lealdades e Mitos Familiares

Somos quem podemos ser

Um dia me disseram
Que as nuvens não eram de algodão
Um dia me disseram
Que os ventos às vezes erram a direção

E tudo ficou tão claro
Um intervalo na escuridão
Uma estrela de brilho raro
Um disparo para um coração

A vida imita o vídeo
Garotos inventam um novo inglês
Vivendo num país sonolento
Um momento de embriaguez

Somos quem podemos ser
Sonhos que podemos ter

Um dia me disseram
Quem eram os donos da situação
Sem querer eles me deram
As chaves que abrem essa prisão

E tudo ficou tão claro
O que era raro ficou comum
Como um dia depois do outro
Como um dia, um dia comum

A vida imita o vídeo
Garotos inventam um novo inglês
Vivendo num país sonolento
Um momento de embriaguez

Somos quem podemos ser
Sonhos que podemos ter (E teremos!)

Um dia me disseram
Que as nuvens não eram de algodão
Sem querer eles me deram
As chaves que abrem essa prisão

Quem ocupa o trono tem culpa
Quem oculta o crime também
Quem duvida da vida tem culpa
Quem evita a dúvida também tem
Também tem
Também tem

Nós todos temos um pouco de culpa
Mas nós...
Somos quem podemos ser
Sonhos que podemos ter (Ter)

(Humberto Gessinger)

Iván Böszörményi-Nagy, psicanalista de origem húngara, da escola da Filadélfia, com seus estudos proporcionou a amplitude ao processo transgeracional. Para ele, esta concepção que o distingue claramente da Escola de Palo Alto, as relações são um laço muito mais significativo que os modelos transgeracionais da comunicação, relações que devem dar-se conta da justiça e da equidade no seio da família. No ano de 1973, Nagy propôs a ideia de "créditos e débitos" nas relações familiares, especialmente no contexto das interações intra e intergeracionais. Essa abordagem determina os papéis que cada indivíduo desempenha nas dinâmicas familiares, com temas recorrentes como culpa, reparação e busca pela perfeição, que são comuns em muitas histórias das famílias.

A adaptação cinematográfica de *O Tempo e o Vento* (2013), baseada na obra de Érico Veríssimo, é um exemplo claro de como se constrói um conteúdo mítico dentro de uma narrativa familiar. No início do filme, vemos Rodrigo entrando no casarão onde está Bibiana durante uma invasão. Anos depois, seu tataraneto, também chamado Rodrigo, veste a farda e revive a história contada por Bibiana, revelando o mito familiar que atravessa gerações. De forma semelhante, na adaptação de *Cem Anos de Solidão* (2024), de Gabriel García Márquez, observamos a repetição de nomes na árvore genealógica da família Buendía, casamento entre primos e a emblemática cena do patriarca amarrado à árvore, um momento que reflete questões relacionadas à saúde mental e à continuidade dos padrões familiares.

Figura 1 – Árvore genealógica da família Buendía

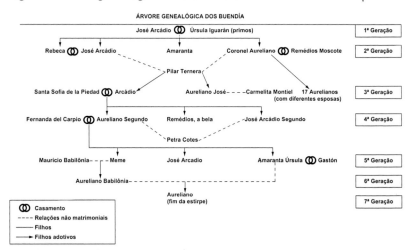

Fonte: Garcia Márquez (2015)

Esse processo mítico se reflete nas escolhas individuais, como na busca por um parceiro, na escolha de carreira e no sucesso ou fracasso pessoal. Cada indivíduo tende a atribuir elementos míticos às pessoas e à sua própria história, projetando ideais e expectativas que moldam suas decisões e trajetórias.

Na terapia familiar sistêmica, Nagy (1973) introduziu o conceito de *lealdades invisíveis*, que é central para a compreensão dos relacionamentos familiares. Esse conceito opera em dois níveis: o sistêmico, que se refere ao grupo social; e o individual, que aborda a dimensão psicológica de cada membro. A lealdade é a base da unidade social, sustentada pela fidelidade dos indivíduos ao grupo, incluindo seus pensamentos e motivações, como destacado por Jaqueline Cassia de Oliveira (2014), em suas reflexões sobre a psicologia sistêmica.

Em um sistema familiar, os padrões tendem a se repetir, principalmente quando alguém não entende seu papel dentro dessa estrutura. Por isso, manter a ordem é essencial. Segundo terapeutas europeus, como Andolfi e Angelo (1987), uma família saudável é como uma subcultura que evolui ao longo do tempo, com papéis e funções que mudam naturalmente entre as gerações. Quando essas mudanças são bloqueadas, podem surgir problemas, como relações disfuncionais. Um exemplo disso é quando os papéis se tornam rígidos e entram em conflito com a realidade, como no caso de um filho assumindo o papel de pai no lugar do próprio pai.

Muitas vezes, romantizamos nossas histórias familiares, criando mitos parecidos com as sagas em obras cinematográficas como *O Tempo e o Vento* de Érico Veríssimo, com as lutas entre as famílias Terra Cambará e Amaral; e *Cem Anos de Solidão* de Gabriel Garcia Marquez, com o casamento entre primos. Contudo, como destaca Anne Ancelin Schützenberger (1919-2018), psicóloga e psicoterapeuta francesa, vivemos presos em uma teia invisível, mas que também ajudamos a construí-la. Ainda assim, ela reforça que é possível recuperar essa liberdade quando entendemos esses padrões repetitivos dentro do seu contexto e toda a sua complexidade.

Esses padrões podem se manifestar em diferentes contextos de vida – seja na família, no trabalho ou em outros grupos sociais. Muitas vezes, sem perceber, repetimos inconscientemente dinâmicas familiares em diversos âmbitos da vida, até que nos tornamos conscientes dessas influências.

Independentemente de onde a pessoa está, é fundamental saber de que lugar ela se comunica, seja em um relacionamento, no trabalho ou na família. Conhecer sua história e compreender o ponto de onde se comunica é essencial para evitar a repetição de padrões e mitos familiares.

A lealdade invisível pode impedir o indivíduo de alcançar sua autonomia, gerando possíveis distúrbios psíquicos, comportamentais e até doenças psicossomáticas. Paul Watzlawick foi um dos mais notáveis teóricos da teoria da comunicação e tem importantes trabalhos ao nível das terapias familiares e na psicoterapia. É um dos fundadores da Mental Research Institute de Palo Alto. O autor conta que o inconsciente familiar não se comunica de maneira digital, mas sim de forma analógica, refletindo-se nas interações entre os membros da família. Toda comunicação tem um conteúdo e uma relação, o aspecto do conteúdo tem toda a probabilidade de ser transmitido digitalmente, ao passo que o aspecto relacional será predominantemente analógico em sua natureza. Toda comunicação deve ser observada como um fenômeno da relação e não apenas um fenômeno mental isolado.

No filme *Viva – A Vida é uma Festa* (2017), vemos como o personagem Miguel se conecta com seu legado familiar, inconscientemente, ilustrando a importância dos vínculos. A capacidade de metacomunicar não só a condição *sine qua non* da comunicação, mas intimamente ligada à consciência do Eu e dos Outros. Em 1935, Bateson descreveu um fenômeno interacional por ele observado na tribo Iatmul da Nova Guiné, dando o nome de cismogênese ao fenômeno, um processo de diferenciação nas normas de comportamento individual resultante da interação cumulativa entre indivíduos.

> Quando a nossa disciplina é definida em função das reações de um indivíduo às reações de outros indivíduos. Os dois padrões de relações cismogênese simétrica e complementar, podem ser descritos como relações baseadas na igualdade ou na diferença (Bateson, 1936).

Enrique Pichon-Rivière (1907-1977) – psiquiatra e psicanalista francês-suíço nacionalizado argentino, que teve um papel importante na história da psicanálise e da psiquiatria – observa que para todo ensinar é necessário aprender. O vínculo oculto, aquele inconsciente, precisa ser trazido à consciência para ser compreendido e trabalhado de maneira eficaz.

Os mitos individuais e familiares seguem esquemas de construção semelhantes, estando profundamente interligados. O termo "mito familiar" refere-se a crenças repetidas e aceitas por todos os membros da família, mesmo quando há evidentes distorções da realidade (Ferreira, 1963). Para entender as relações transversais (família atual) e longitudinais (família trigeracional), é necessário considerar pelo menos três gerações. A construção de um genograma e/ou genossociograma[1] ajuda a esclarecer as experiências passadas, expectativas e motivações familiares. Nesse sentido, como visto no filme *"Viva – a vida é uma festa"*, Miguel indo em busca de seu sonho ressignifica a história (contada pela avó) em relação à história da família.

Vários autores, como Selvini Palazzoli e Boscolo (1975), introduziram uma perspectiva histórica para descrever os mitos familiares, desafiando a concepção sistêmica estática e mecanicista que via a família como um sistema fechado e imutável. Mara Selvini Palazzoli, psiquiatra italiana que, em 1971, junto com Gianfranco Cecchin, Luigi Boscolo e Giuliana Prata, fundou a abordagem sistêmica e construtivista da terapia familiar. Essa forma de terapia ficou conhecida como abordagem dos sistemas familiares de Milão, sendo parte da Escola de Terapia Familiar Sistêmica.

O mito familiar está sempre mudando, criando novas conexões e diferenças em relação ao seu significado original. Se ele servisse apenas para manter tudo igual, não haveria essa evolução. O problema maior acontece quando as novas gerações são forçadas a seguir o padrão herdado, muitas vezes enfrentando questões antigas e invisíveis. Isso é comum em momentos importantes da vida, como nascimentos, mortes, casamentos e mudanças de fase,

---

[1] Genograma proporciona uma visão de um quadro trigeracional de uma família e de seu movimento através do ciclo de vida, diferentemente de árvore genealógica que é igual para todos os membros de uma família.

que trazem à tona questões específicas do mito familiar. Entender o "mandato" ou a "missão" dada a cada pessoa (Stierlin, 1978) é fundamental para mudar o mito e trazer os ajustes necessários.

Do ponto de vista da teoria dos sistemas, Ferreira (1963) foi quem introduziu o conceito de "Mito Familiar" a partir de suas observações no atendimento clínico. Ele concluiu que isso funciona como um "sistema de crenças" relacionado aos membros de uma família, seus papéis e atribuições nas interações recíprocas. Esse mito é composto por "convicções compartilhadas" entre os integrantes do sistema, aceitas a priori, mesmo que irreais, como se fossem algo sagrado e intocável. Trata-se de um tabu que ninguém questiona ou desafia. Quando um ou mais membros percebem os aspectos de falsidade e ilusão no mito, isso permanece em "segredo". O mito familiar atua como um mecanismo homeostático, cuja função é manter a coesão do grupo e reforçar os papéis sociais de cada membro.

    Toda família possui mito familiar sendo de extrema importância identificá-los e ressignificá-los.

FAMÍLIA E O CICLO VITAL

Oração ao tempo

És um senhor tão bonito
Quanto a cara do meu filho
Tempo, Tempo, Tempo, Tempo
Vou te fazer um pedido
Compositor de destinos
Tambor de todos os ritmos
Tempo Tempo Tempo Tempo
Entro num acordo contigo
Tempo Tempo Tempo Tempo

Por seres tão inventivo
E pareceres contínuo
Tempo Tempo Tempo Tempo
És um dos deuses mais lindos
Tempo Tempo Tempo Tempo

Que sejas ainda mais vivo
No som do meu estribilho
Tempo Tempo Tempo Tempo
Ouve bem o que te digo
Tempo Tempo Tempo Tempo

Peço-te o prazer legítimo
E o movimento preciso
Tempo Tempo Tempo Tempo
Quando o tempo for propício
Tempo Tempo Tempo Tempo

De modo que o meu espírito
Ganhe um brilho definido
Tempo Tempo Tempo Tempo
E eu espalhe benefícios
Tempo Tempo Tempo Tempo

O que usaremos pra isso
Fica guardado em sigilo
Tempo Tempo Tempo Tempo
Apenas contigo e comigo
Tempo Tempo Tempo Tempo

E quando eu tiver saído
Pra fora do teu círculo
Tempo Tempo Tempo Tempo
Não serei nem terás sido
Tempo Tempo Tempo Tempo

Ainda assim acredito
Ser possível reunirmo-nos
Tempo Tempo Tempo Tempo
Num outro nível de vínculo
Tempo Tempo Tempo Tempo

Portanto peço-te aquilo
E te ofereço elogios
Tempo Tempo Tempo Tempo
Nas rimas do meu estilo
Tempo Tempo Tempo Tempo

(Canção de A Outra Banda da Terra e
Caetano Veloso, 1979)

Luis Carlos Osório – Médico, psicanalista com formação em psicodrama – afirma que a família é a primeira instituição social que conhecemos e está sempre em evolução. Ela é formada mais pelos laços de afeto do que pelas hierarquias tradicionais. Isso se reflete nas mudanças das políticas públicas de promoção e assistência, na legislação e nas práticas de adoção. As novas configurações familiares mostram como a família tem se organizado tanto em termos subjetivos quanto estruturais.

A família é o lugar onde as regras sociais são moldadas a partir das experiências individuais de cada membro. Como explicam Minuchin e Fishman (1990) – figuras importantes na terapia familiar – a pessoa aprende a entender a realidade de acordo com o que é apresentado como verdade. Porém, essa percepção não é direta, mas construída com base nos pontos de vista dos outros membros da família e na perspectiva do grupo social ao qual pertence. O terapeuta, nesse contexto, pode trabalhar com os *hólons* – tanto individuais quanto familiares – entendendo-os como partes e também como um todo. A forma como a família organiza sua estrutura é parecida com o processo pelo qual a sociedade desenvolve suas instituições.

A família tem a responsabilidade social de prover, cuidar, proteger e transmitir valores e normas. Ela também é essencial para ajudar na construção de defesas emocionais internas. Como explica Osório (2009), a família cumpre duas funções essenciais: é um espaço de amor incondicional e união, além de ser uma referência natural para a formação da identidade pessoal.

O afeto e o diálogo devem estar presentes em todas as fases da vida familiar. O primeiro é a base para construir e reconstruir os arranjos familiares, enquanto o segundo é essencial para manter e reorganizar as relações entre os diferentes subsistemas – como o casal, os pais e filhos, e as diferentes gerações.

Uma família não tem apenas uma estrutura, mas também um conjunto de crenças e ideias que justificam e reforçam sua organização. Como explicam Minuchin e Fishman (1990), a estrutura familiar e essas crenças se sustentam mutuamente, e qualquer uma delas pode ser o ponto de partida para a terapia. Toda intervenção terapêutica afeta os dois níveis. Se a estrutura familiar muda, a forma como a família vê o mundo também se transforma. Da mesma forma, quando a visão de mundo da família se altera, isso provoca mudanças na estrutura familiar – incluindo o modo como os sintomas são usados para manter a organização da família. Os sintomas funcionam como metáforas.

A transição da família, do nascimento até a morte, oferece uma visão completa do ciclo de vida na Terapia Familiar. Carter e

McGoldrick (1995), duas referências na área da Terapia Familiar Sistêmica e especialistas no estudo do ciclo de vida, mostram que os fatores culturais têm um grande impacto na maneira como as famílias atravessam cada fase. Cada grupo cultural define de forma única as etapas da vida e as tarefas associadas a elas. Mesmo após várias gerações de imigração, esses padrões familiares costumam se manter. Além do estresse que herdamos de nossos antepassados e daquele que surge naturalmente ao longo das fases da vida, também enfrentamos as pressões do tempo e lugar em que vivemos. O contexto social, econômico e político afeta diretamente as famílias à medida que elas avançam pelo ciclo de vida, influenciando suas experiências em diferentes momentos da história.

Na Terapia Familiar, o fluxo de ansiedade é visto como algo que se move em duas direções: "vertical" e "horizontal". Murray Bowen, referência na área e criador da Teoria dos Sistemas Familiares (1978, 1991), explica que o fluxo vertical envolve os padrões de relacionamento e funcionamento transmitidos de geração em geração, principalmente por meio da triangulação emocional. Sua teoria é considerada uma das mais abrangentes sobre o comportamento humano justamente por seu caráter universal. Bowen mostra que, junto com essas dinâmicas, herdamos atitudes, tabus, expectativas, rótulos e até questões opressivas da nossa família – tudo aquilo com o qual crescemos. Podemos pensar nesses aspectos como a "mão" que nos molda: são os dados com os quais temos que lidar. O que escolhemos fazer com isso, mas é responsabilidade nossa.

Figura 2 – Estressores verticais e horizontais

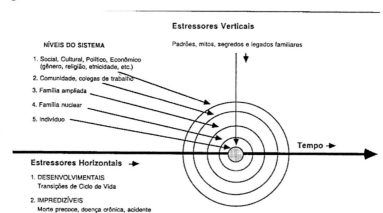

Figura 1-1. Estressores horizontais e verticais.

Fonte: Carter e McGoldrick (1995)

O fluxo horizontal no sistema inclui a ansiedade produzida pelos estresses da família conforme ela avança no tempo, lidando com as mudanças e transições do ciclo de vida familiar. Isso inclui tanto estresses desenvolvimentais predizíveis quanto os eventos impredizíveis, "os golpes de um destino ultrajante", que podem romper o processo de ciclo de vida (uma morte prematura, o nascimento de uma criança com deficiência, uma enfermidade crônica, uma guerra etc.).

O grau de ansiedade gerada pelo estresse nos eixos vertical e horizontal, nos pontos em que eles convergem, é o determinante-chave de quão bem a família irá manejar suas transições ao longo da vida.

De acordo com Steinglass (1989), professor de psiquiatria e ciências comportamentais e diretor do Centro de Pesquisa Familiar da Universidade George Washington, os teóricos dos sistemas familiares usam o termo *morfogênese* para falar sobre as mudanças que acontecem ao longo do ciclo de vida da família. Essas mudanças podem envolver qualquer alteração no sistema familiar que, mesmo temporariamente, desequilibra sua estabilidade. Steinglass destaca que o ciclo de vida da família está relacionado ao amadurecimento do sistema ao longo do tempo. Cada família apresenta um crescimento único, o que dá origem a características próprias, como certos padrões de comportamento.

Em qualquer pesquisa sobre família, é importante levar em conta a etapa do Ciclo de Vida pela qual ela está passando. Homens e mulheres, em diferentes fases da vida, moldam a organização e a dinâmica das relações afetivas e familiares. Todos nós seguimos um caminho claro: nascemos, amadurecemos fisicamente, envelhecemos e, por fim, morremos. O mesmo acontece com o desenvolvimento cognitivo, que, segundo o modelo de Piaget, também segue etapas bem definidas, com sinais claros de envelhecimento.

De acordo com Steinglass (1989), as famílias se desenvolvem de forma circular, pois são multigeracionais. As pessoas assumem diferentes papéis ao longo da vida: primeiro como filhos na família de origem e, depois, como "fundadores" de suas próprias famílias. Já McGoldrick (1995) destaca que os padrões do ciclo de vida familiar mudaram significativamente com a transformação dos papéis femininos, afetando as identidades e funções que as mulheres exercem dentro da família.

A família tem passado por grandes mudanças, especialmente com a entrada da mulher no mercado de trabalho e a necessidade de reorganizar sua dinâmica. Segundo Osório (2009), as famílias estão menores, há mais mulheres criando filhos sozinhas, e o número de casamentos e separações tem aumentado. Em muitos casos, os avós ajudam cuidando dos netos para que os pais possam trabalhar ou estudar. Contudo, é essencial que cada um saiba seu papel: mesmo que os avós contribuam, a autoridade sobre os filhos deve continuar com os pais, é a ordem hierárquica.

Além disso, fatores como a internet e as mudanças nos padrões de comportamento sexual também influenciam na organização familiar. A família é entendida como um espaço de amor incondicional e união, carregando grandes expectativas e nela muitos encontram referências importantes para a formação da identidade. Ao mesmo tempo, como aponta Osório, ela pode tanto fortalecer quanto enfraquecer um indivíduo, dependendo dos vínculos estabelecidos. Assim, a família pode ser um lugar de promoção de saúde e bem-estar, mas também um ambiente de agressão e destruição, dependendo de como essas relações são conduzidas.

Bronfenbrenner (2011) formulou sua teoria de desenvolvimento humano e afirmou que a família está no coração da primeira formulação. De todos os contextos que nos ajudam a sermos humanos, a família fornece as condições de desenvolvimento mais importantes: o amor e o cuidado que uma criança necessita para se desenvolver com sucesso. Uma criança que se desenvolverá em um futuro adulto saudável é aquela que tem pessoas dedicadas, ativamente engajadas em sua vida, aquelas que se amam, que passam tempo com ela e estão interessadas no que ela faz e quer fazer, no que realiza no dia a dia.

Pertencer à família é uma necessidade básica. Esse vínculo é o desejo mais profundo. Segundo Minuchin (1982), o sentido de pertencimento de cada membro é motivado por seu sentido de pertencer a sua família. O desejo mais profundo do ser humano é ser amado. Um indivíduo é capaz de sacrificar a vida inconscientemente pela necessidade de pertença. O vínculo configura uma estrutura complexa, que inclui um sistema transmissor-receptor, uma mensagem, um canal, sinais, símbolos e ruídos.

Na Teoria Sistêmica, a família é vista como um sistema aberto, já que seus membros estão em constante movimento, interagindo entre si e com outros sistemas fora da família. As ações de cada membro influenciam e são influenciadas pelas ações dos outros. Crianças e animais na família neste contexto, são como esponjas, conforme Anne Ancelin. Como unidade sistêmica, a família é a base para o processo de individuação dos seus membros, mas também é afetada por eles. Minuchin (1982) explica que o senso de separação e individuação acontece tanto por meio da participação em diferentes subsistemas e contextos familiares quanto pela interação com grupos fora da família.

O sistema familiar se organiza e cumpre suas funções por meio de subsistemas. Cada membro da família pode ser visto como um subsistema, assim como as díades – marido e esposa (subsistema conjugal), pai e filho (sistema parental) ou irmãos (subsistema fraternal). Também é possível formar subsistemas com base em geração, gênero, função ou interesses. Esses subsistemas se conectam com outros sistemas maiores e fazem parte de uma organização mais ampla. A estrutura familiar depende de como esses subsistemas são organizados e das relações que mantêm entre si e dentro de cada grupo. Tanto forças internas quanto externas ajudam a regular essa dinâmica.

Cada pessoa traz consigo um conjunto único de experiências, conhecimentos e emoções que moldam sua maneira de pensar, sentir e agir – isso é chamado de esquema referencial. Tanto os grupos operativos quanto os familiares podem ser vistos como conjuntos de pessoas unidas por laços de tempo, espaço e parentesco, formados a partir da maneira como se percebem e interagem umas com as outras.

Na família, o amor é o vínculo que conecta os membros à sua história, funcionando como uma força essencial para manter essas relações. Como disse Albert Einstein, o amor é a energia mais poderosa e transformadora, capaz de dar verdadeiro sentido à vida.

Pichon-Rivière (2009) apresenta sua teoria sobre saúde e doença mental, destacando o vínculo como o elemento central das relações humanas. Ele coloca a família como parte essencial na compreensão da doença mental e introduz o conceito de "porta-voz" – o membro da família que manifesta a patologia, mas que, na verdade, reflete um problema de todo o sistema familiar. Nesse contexto, a socialização se torna uma tarefa fundamental, onde o indivíduo influencia e é influenciado pelo ambiente em uma troca constante. O manejo dos chamados vetores – como pertencimento, cooperação, pertinência, comunicação, aprendizado e telê (a sintonia entre as pessoas) – ajuda grupos, incluindo as famílias, a enfrentar as ansiedades que surgem em momentos de mudança.

Existem dois momentos na vida que impactam profundamente as dinâmicas familiares: a adolescência, que marca a transição do papel de criança para o de adulto; e a velhice, que muitas vezes é vista na nossa sociedade como a perda de papéis ativos. Em ambos os casos, essas mudanças exigem que as funções dentro da família sejam redefinidas e assumidas de novas formas.

Na adolescência, são necessárias mudanças na estrutura familiar e uma renegociação de dinâmicas que envolvem, muitas vezes, até três gerações. A busca dos jovens por mais autonomia e independência pode trazer transformações nas relações entre pais e avós, fazer com que os casais revisitem o casamento e levar irmãos a questionarem suas posições na família (Nydia Garcia Preto *apud* Carter; McGoldrick, 1995). A puberdade traz ainda mudanças físicas, psicológicas, sexuais e na formação da identidade, o que pode ser desafiador para muitos pais, já que essas transformações ameaçam os laços estabelecidos anteriormente.

Na terceira idade, os membros mais velhos da família enfrentam desafios como aposentadoria, viuvez, a transição para o papel de avós e o enfrentamento de doenças que exigem apoio familiar. É um momento que demanda aceitação das perdas e uma reorganização da vida. Além disso, como destaca o psicólogo do desenvolvimento e psicanalista teuto-americano, conhecido por sua teoria sobre o desenvolvimento psicológico dos seres humanos, Erikson (1959), aceitar a própria vida e a finitude faz parte desse processo. Essa fase pode envolver não apenas perdas e dificuldades, mas também oportunidades de crescimento e transformação.

A preparação para a velhice é essencial, já que os padrões desenvolvidos ao longo da vida afetam diretamente como lidamos com os desafios desse estágio. Algumas rotinas que antes faziam sentido podem se tornar disfuncionais com as novas demandas do ciclo de vida. Um exemplo disso é a transição do papel de mãe, que pode ser um momento crucial para a reorganização familiar. Quando a estrutura da família se reduz, é necessário que pais e filhos se separem emocionalmente, e os pais precisam redirecionar seu investimento no relacionamento conjugal. O vínculo entre avós e netos pode ser muito especial, mas, em alguns casos, pode se tornar problemático, como quando um neto é envolvido em dinâmicas de triangulação familiar.

Cada fase do ciclo de vida familiar – como casamento, criação de filhos pequenos, adolescência, ninho vazio e velhice – traz tarefas e desafios que a família precisa enfrentar. Essas mudanças costumam causar desconforto e exigir adaptações, revisão de regras e ajustes na dinâmica familiar. Todavia, quando a família evita lidar com as crises naturais dessas fases, acaba deslocando a responsabilidade para outros sistemas, como a escola, a sociedade, programas de assistência ou até o governo.

A sensação de pertencer a um grupo faz com que seus membros se reconheçam como parte dele e também integrem os outros ao seu mundo interno. Esse sentimento é fundamental tanto para a identidade do grupo quanto para que cada pessoa se perceba pertencente. Ele oferece uma referência importante, ajudando o indivíduo a se posicionar no mundo e a desenvolver estratégias para lidar com mudanças.

As experiências que cada pessoa enfrenta em diferentes fases da vida e suas consequências dependem não apenas de sua posição na família, mas também dos próprios acontecimentos ao longo do caminho.

Pichon-Rivière (2009), como já mencionado, ressalta que é através da pertença, cooperação e pertinência – que envolvem comunicação, aprendizado e telê (sintonia emocional entre pessoas) – que o grupo encontra sentido em suas tarefas e na caminhada coletiva. No contexto familiar, a cooperação acontece por meio de funções diferenciadas, sustentadas pelas características biológicas e sociais dos membros, formando a estrutura familiar. Assim, a família se torna um espaço para o aprendizado de papéis biológicos e sociais.

Na obra *Por trás da máscara familiar* (1989), Andolfi, Angelo, Menghi e Nicolo-Coriggliano destacam que o processo de aprendizado e adaptação envolve a reestruturação dos vínculos e das formas de lidar com a realidade. As famílias passam por fases de separação e individuação, o que pode gerar momentos de instabilidade e incerteza. No entanto, quando conseguem atravessar essas mudanças, elas encontram um novo equilíbrio emocional.

Steinglass (1989) divide o desenvolvimento familiar em dois tipos: o focado na mudança e o voltado para o crescimento. As mudanças ocorrem quando algo altera a organização da família e afeta sua estabilidade, mesmo que temporariamente – como uma doença, uma relação extraconjugal, problemas emocionais de um filho ou falhas nas responsabilidades familiares. Nesses momentos, a família precisa se reorganizar para recuperar seu equilíbrio interno.

Embora desafiadoras, as crises podem trazer benefícios importantes. Superar dificuldades fortalece a união e aumenta a confiança da família em si mesma. Já o crescimento é um tipo de mudança mais previsível, seguindo um ritmo natural ao longo do tempo. À medida que as necessidades dos membros mudam, a família pode se expandir, como com a chegada de novos integrantes, ou simplesmente ser mantida na lembrança ao longo das gerações. O desenvolvimento familiar alterna entre fases de expansão e consolidação: períodos de crescimento intenso seguidos por momentos de estabilidade.

Os especialistas concordam que esse crescimento acontece de forma não linear, mas em saltos. A expansão pode ser explosiva, como na formação de uma nova unidade familiar, quando um casal se casa e se separa da família original. Ou pode ser gradual, como no nascimento de filhos, que marca outra fase significativa de crescimento.

Carter e McGoldrick (1995) observam que algumas pessoas passam por transições no ciclo de vida que são incomuns ou inesperadas e, por isso, não costumam ser acompanhadas por rituais. Entre essas situações estão o nascimento de um filho com deficiência, aborto, separações forçadas por hospitalização, prisão ou traumas, além da reunião da família após essas separações.

Também entram nessa lista mudanças como migração, morar junto sem casar, término de relacionamentos, casamentos homoafetivos, colocação de crianças em lares adotivos e a reintegração após essas colocações. Outras experiências difíceis incluem mortes repentinas, como o suicídio, e doenças crônicas e incapacitantes, que desafiam a estrutura familiar.

A formação de famílias por adoção pode ser mais desafiadora quando falta apoio explícito ou implícito dos familiares. Da mesma forma, a saída inesperada de casa de um jovem adulto com deficiência pode trazer dificuldades para todos os envolvidos. É importante lembrar que essa lista é apenas um exemplo, já que cada experiência é moldada por fatores sociais, culturais e econômicos que mudam ao longo do tempo. Por exemplo, uma gravidez fora do casamento pode ou não ser vista como uma transição significativa, dependendo das normas familiares e dos valores do grupo social.

As famílias monoparentais frequentemente enfrentam o desafio de um controle excessivo na díade formada entre mãe/pai e filho, resultando em uma relação muito estreita. Quando há mais filhos, isso pode gerar dificuldades na hierarquia familiar, sobrecarregando o responsável com as tarefas de cuidar e prover. No caso de pais que criam os filhos sozinhos, é comum que deleguem os cuidados à própria mãe (avó das crianças), mantendo pouco envolvimento direto. Questões financeiras também costumam ser um desafio significativo para essas famílias.

Nas famílias homoafetivas, a ausência de modelos familiares amplamente aceitos e de uma legislação específica cria desafios adicionais. Muitas vezes, os filhos enfrentam altas expectativas de comportamento para garantir aceitação social, e isso pode levar à criação de segredos dentro da própria família. O preconceito enfrentado pode causar isolamento e aumentar a pressão sobre os membros da família.

As famílias trigeracionais, em que os avós assumem a função de pais, lidam com problemas hierárquicos. A mãe pode se sentir desvalorizada ou perder o reconhecimento dos filhos, o que enfraquece sua autoridade. Nessas configurações, é fundamental definir e respeitar os papéis de cada membro para promover equilíbrio e funcionalidade no sistema familiar.

Nas famílias recasadas, a inclusão do novo cônjuge pode ser desafiadora, especialmente em relação à aceitação pelos filhos e à ausência de modelos claros. Muitas vezes, tenta-se reproduzir o modelo da família nuclear, o que pode gerar frustrações. Além disso, há a dificuldade de conviver com o cônjuge anterior, especialmente em questões relacionadas à hierarquia e ao papel deste na vida dos filhos.

Nas famílias com filhos adotivos, é essencial trabalhar a inclusão e construir vínculos claros e bem definidos. Muitas vezes, surgem segredos na tentativa de garantir que o filho se sinta pertencente à família. Uma das principais tarefas nesse contexto é estabelecer clareza nas relações, abrir espaço para uma comunicação honesta e criar rituais que reforcem o pertencimento e promovam a inclusão no núcleo familiar.

Diversas mudanças importantes na vida não contam com rituais familiares amplamente aceitos que ajudem a facilitar essas transições e a conectar o indivíduo à família e à comunidade. Essas situações exigem uma reorganização complexa dos relacionamentos, mas frequentemente faltam orientações claras sobre como lidar com elas. Nesses momentos, o apoio da família de origem pode ser insuficiente, dificultando o equilíbrio entre a convivência com os outros e a preservação da própria identidade. Além disso, essas experiências podem gerar um sentimento de estigma, levando algumas pessoas a guardar segredos ou optar pelo silêncio, o que enfraquece os vínculos e compromete as relações familiares.

Quando a família deixa de praticar seus rituais tradicionais, ela perde uma parte essencial de sua identidade. A interrupção desses rituais não só impede a cura emocional, mas também dificulta o desenvolvimento saudável das relações entre seus membros.

Os especialistas em ciclo de vida familiar explicam que, quando eventos esperados não acontecem como o previsto, sintomas podem surgir tanto nos indivíduos quanto na família como um todo. Carter e McGoldrick (1995) ressaltam a importância de observar tanto os estressores horizontais – figura 1 – (que acontecem ao longo do tempo, como mudanças e desafios) quanto os verticais (padrões emocionais e comportamentais transmitidos entre gerações).

Carter e McGoldrick (1995) apontam que esses sintomas costumam aparecer em momentos de transição entre as fases do ciclo de vida familiar, pois cada etapa traz novas tarefas e desafios. Essas tarefas são essenciais para o desenvolvimento físico, emocional e social dos membros da família, ajudando-os a crescer e a se adaptar às mudanças ao longo da vida.

Os rituais de transição têm um papel importante em marcar e facilitar mudanças tanto para membros específicos quanto para a família como um todo. Eles ajudam a redefinir limites e abrir novas possibilidades de relacionamento. A forma como esses rituais são celebrados pode influenciar diretamente na capacidade da família de se adaptar às mudanças. Entretanto, transições inesperadas ou incomuns, como divórcio, doença, perda de emprego, morte ou aposentadoria, muitas vezes não contam com rituais que auxiliem nessa adaptação. Essas situações podem gerar conflitos de identidade e fazer com que as pessoas percam o senso de quem são. O terapeuta, ao compreender o significado por trás dos comportamentos familiares, atua como um mediador cultural, ajudando a manter as continuidades e promovendo o desenvolvimento.

O crescimento e desenvolvimento familiar trazem desafios cada vez maiores e exigem uma organização mais complexa. Para amadurecer, a família precisa desenvolver habilidades essenciais, como uma comunicação clara e uma boa capacidade de adaptação, para sustentar esse crescimento. Quanto mais refinadas forem as relações entre os membros, maior será a capacidade da família de assumir novas responsabilidades e manter uma estrutura saudável.

Steinglass (1989) explica que o desenvolvimento familiar é contínuo, alternando entre fases de expansão – quando a família cresce com a chegada de novos membros – e fases de consolidação – quando a dinâmica se estabiliza. A criação de novas famílias garante a continuidade ao longo das gerações, mas, sem essa expansão, a linhagem pode se encerrar.

Embora Steinglass (1989) concorde com o modelo de ciclo de vida familiar proposto por Monica McGoldrick e Betty Carter (1995), que inclui etapas como jovens solteiros saindo de casa, o novo casal, famílias com filhos pequenos, famílias com adolescentes, lançamento dos filhos e famílias no estágio tardio da vida, ele sugere uma abordagem mais simplificada. Steinglass propõe dividir o ciclo em três fases principais: inicial, intermediária e tardia.

Em um artigo de Dell e Goolishian (1979) – conhecidos por desenvolverem a abordagem colaborativa na Terapia Familiar – é explorado o conceito de feedback evolutivo. O físico Ilya Prigogine (1977), descreve como os sistemas se organizam e mudam de maneira dinâmica e imprevisível, especialmente quando partem de um estado de desequilíbrio. Esse princípio mostra que as mudanças podem acontecer em diferentes níveis dos sistemas, sempre de forma contínua. Evidenciou também os processos morfogenéticos.

No livro *Mind and Nature*, Bateson (1979) traz uma ideia parecida ao comparar a epigênese com a evolução. Ele explica que, enquanto a epigênese se baseia na repetição e previsibilidade – processos que garantem a reprodução fiel de padrões conhecidos –, a evolução e a aprendizagem envolvem criatividade e exploração. Nessas situações, as mudanças ocorrem de maneira inesperada e constante. A epigênese mantém padrões conhecidos, enquanto a evolução e a aprendizagem buscam novas possibilidades e caminhos.

Prigogine (1984), em sua ideia de" ordem através da flutuação", também discutida por Dell e Goolishian (1979), destaca a importância da mudança sobre a estabilidade. A ideia é que, em determinado momento, um sistema funcione de uma maneira específica, com pequenas variações que mantêm o equilíbrio dentro de um limite seguro. No entanto, se essas variações se tornam intensas e ultrapassam esse limite, o sistema precisa se reorganizar e encontrar uma nova forma de operar.

Essa transformação só acontece quando há um impulso significativo – chamado de "feedback positivo" – que cria a instabilidade necessária para que o sistema evolua e atinja um novo ponto de equilíbrio.

Os irlandeses consideram a morte como a maior transição do ciclo de vida, acreditando que ela liberta as pessoas dos sofrimentos terrenos. Já as famílias italianas e polonesas colocam grande importância nas cerimônias de casamento, enquanto as famílias judaicas valorizam o Bar Mitzvah, que marca a transição para a adolescência. A etnicidade influencia todos os estágios do ciclo de vida familiar. Os membros das gerações mais novas, como a terceira ou quarta, tendem a se sentir mais à vontade para reivindicar aspectos da identidade cultural que foram deixados de lado por seus antepassados, que precisaram se adaptar e se assimilar. Em qualquer transição familiar, podem surgir conflitos relacionados à identidade étnica, já que essas fases muitas vezes trazem à tona as tradições e raízes da família (Carter; McGoldrick, 1995).

Em alguns grupos, a influência da família continua forte, mesmo com todas as mudanças em suas dinâmicas e configurações. Entre diferentes grupos étnicos, é comum que surjam conflitos entre gerações, refletindo o processo de adaptação às novas formas de viver. A família está sempre se transformando e encontrando novas maneiras de se organizar, e é essencial observar como cada pessoa define "família" em seu contexto.

Nesse cenário de novas dinâmicas familiares, o genograma se destaca como uma ferramenta poderosa. Ele oferece uma representação visual da família ao longo de três gerações, mostrando como ela evolui ao longo do ciclo de vida.

Como explica McGoldrick (1995), o genograma funciona como um mapa gráfico dos padrões e histórias familiares, revelando a estrutura básica, dados demográficos e os relacionamentos entre os membros. É como uma "taquigrafia" – uma forma rápida de entender as dinâmicas familiares. O ciclo de vida da família é complexo e pode ser comparado a uma espiral em constante evolução, conforme as gerações avançam do nascimento até a morte.

A evolução familiar pode ser comparada à música: o significado de cada nota depende do ritmo e da relação com as melodias que já foram tocadas e aquelas que ainda estão por vir. No genograma é possível identificar informações importantes, como padrões de relacionamento e possíveis conflitos. As diferentes configurações familiares podem revelar triângulos e problemas que merecem ser explorados em cada fase da vida. Coletar essas informações deve fazer parte da entrevista clínica, pois o genograma é uma das ferramentas mais eficazes para compreender o ciclo de vida familiar.

Bowen, em seus estudos de 2008, sugere que é necessário olhar para pelo menos três gerações para entender a origem de uma psicose. Isso ocorre porque lealdades, expectativas e mandatos familiares são transmitidos ao longo do tempo e em momentos críticos, essas dinâmicas podem se manifestar, ameaçando o equilíbrio da família.

Na prática clínica e nos cursos de Psicogenealogia, os vínculos entre gerações são investigados por meio do genossociograma. Essa ferramenta vai além de dados familiares, permitindo explorar o que alguns chamam de "romance familiar" – uma narrativa única que cada família constrói sobre si mesma. Assim como é individual e subjetivo.

O genossociograma, conecta memórias e fatos importantes da história familiar. Ele ajuda a identificar eventos significativos, idades marcantes e situações relevantes, mostrando como tudo isso se interliga. Ao revisitar essas memórias, o genossociograma permite que as emoções associadas a elas venham à tona, promovendo uma compreensão mais profunda dos vínculos familiares. Como destaca Anne Ancelin (2007), esse processo é fundamental para ressignificar essas histórias e fortalecer as relações familiares.

A família também transmite sua própria cultura, que podemos chamar de "cultura familiar". Essa cultura é composta por tradições e histórias sobre a trajetória e a genealogia da família. Algumas dessas histórias são embelezadas e transformadas em mitos, enquanto outras podem ser distorcidas e depreciadas. Quando isso acontece, elas se tornam segredos, lendas ou mitos familiares. Em alguns casos, um ancestral é exaltado como exemplo a ser seguido; em outros, a memória de um antepassado é reprimida e tratada como uma sombra até que alguém na família resgate essa história e dê um novo significado a ela.

Grande parte desse processo ocorre de maneira sutil, no inconsciente familiar. A comunicação dessas histórias raramente é clara e direta; ela acontece por meio de comportamentos e emoções. As lealdades familiares podem dificultar que os membros desenvolvam autonomia e integridade psicológica.

Em famílias mais abertas, os eventos e histórias são discutidos livremente e transformados em narrativas compartilhadas, reduzindo a tendência de carregar vergonha em segredo. Já em famílias mais fechadas, onde prevalecem regras rígidas como "não falar, não confiar e não sentir", é comum que mitos e histórias falsas sejam criados para encobrir segredos.

Como aponta Imber-Black (1994), nossa visão sobre a família é moldada por experiências limitadas e pela forma como extraímos sentido delas. Assim como esponjas – na fase da infância é mais provável –, absorvermos tudo o que nos é transmitido pela família. Ao longo do tempo, esses eventos, lugares e formas de viver se transformam em comandos internos que moldam a forma como enxergamos a nós mesmos e o mundo ao nosso redor.

Falicov (1980) destaca que uma família saudável é como uma subcultura que evolui ao longo de várias gerações por meio de mudanças nas funções e nas dinâmicas familiares. Essas transições permitem que as famílias adaptem seus papéis às novas necessidades dos membros. Contudo, como explicam Keith e Whitaker (1982) e McGoldrick, Pearce e Giordano (1982), quando essas mudanças são bloqueadas ou resistidas, podem surgir dinâmicas patológicas, especialmente quando papéis e funções se tornam rígidos.

Seltzer e Seltzer (1983) apontam que problemas acontecem quando as funções familiares não se alinham com a realidade biológica ou cultural. Um exemplo típico é a delegação da função paterna a um filho, em vez de ao pai, criando um mito familiar que contraria a estrutura natural e cultural da família. Andolfi e Angelo (1989), em *Tempo e Mito em Psicoterapia Familiar*, exploram como esses mitos enraizados podem se tornar barreiras para o crescimento familiar, especialmente quando os papéis não evoluem de forma flexível ao longo do tempo.

Imber-Black (1994), psicoterapeuta, explica que a fidelidade à família pode aparecer de duas formas. A primeira é o carinho natural que sentimos pelos nossos familiares, valorizando o grupo em que nascemos, independentemente de suas características ou dificuldades. Essa lealdade surge do reconhecimento de que, de alguma forma, a família nos deu apoio e nos sustentou. A segunda forma é a chamada "lealdade invisível", conceito de Boszormenyi-Nagy (1973), que descreve como as pessoas podem ficar emocionalmente presas à família sem se dar conta. Esse tipo de lealdade é passado de geração em geração, influenciando nossas escolhas e comportamentos ao longo da vida.

Bowen (1978) e Boszormenyi-Nagy e Spark (1973) mostram que essa transmissão intergeracional tem um papel importante na forma como lidamos com expectativas e mandatos familiares. Para McGoldrick (1995), a identidade cultural de uma pessoa depende de vários fatores, especialmente no caso de imigrantes. A adaptação ao novo país envolve o tempo decorrido desde a imigração, a fase de vida em que a mudança ocorreu e as circunstâncias que motivaram essa escolha.

A capacidade de adaptação também está ligada à facilidade com a nova língua e à situação econômica e política do local. Além disso, é importante construir novos vínculos com amigos, trabalho, organizações, igrejas e serviços públicos, como saúde e educação. No entanto, algumas famílias enterram suas memórias e se afastam do passado para evitar o sofrimento e a dificuldade de lembrar o que deixaram para trás.

Na terapia, é essencial explorar não apenas a dinâmica familiar atual, mas também a história do país de origem da pessoa. Esse processo ajuda o indivíduo a se reconectar com suas raízes culturais e a integrar sua identidade em uma nova realidade, facilitando sua adaptação e bem-estar.

Famílias que migram com crianças pequenas podem se fortalecer, já que contar umas com as outras se torna uma forma de apoio importante. Entretanto, é comum que os pais se adaptem à nova cultura mais lentamente do que os filhos. Nesses casos, a liderança dos pais pode ser enfraquecida, especialmente se as crianças assumirem o papel de intérpretes culturais para eles.

Quando a migração acontece com filhos adolescentes, os desafios podem ser maiores. Como o tempo juntos é menor antes que os jovens sigam seus próprios caminhos, surgem múltiplas transições e conflitos entre gerações. Os pais muitas vezes enfrentam grande estresse por não conseguirem cuidar de seus próprios pais, que ficaram no país de origem. Já para os adolescentes, é comum que eles expressem, através de comportamentos ou sintomas, o sofrimento que os pais não verbalizam.

Famílias que migram durante a fase de "lançamento" – quando os filhos estão saindo de casa – geralmente enfrentam dificuldades porque, muitas vezes, deixaram o país de origem por necessidade. Para os adultos nessa fase, pode ser difícil criar novos vínculos e redes de amizade no novo ambiente. A situação se torna mais desafiadora quando os filhos começam a namorar ou casar com pessoas de culturas diferentes, o que pode ser visto como uma ameaça à preservação da identidade e herança cultural. Além disso, a barreira do idioma pode levar a um isolamento significativo para quem não fala a língua local.

A migração na terceira idade é especialmente delicada, pois envolve deixar para trás uma vida inteira de memórias e conexões. As famílias mais velhas que se mudam para bairros étnicos no novo país podem adiar o confronto com os desafios de adaptação cultural, vivendo inicialmente em ambientes que lembram o país de origem.

Já as gerações seguintes, como a terceira ou quarta, tendem a se sentir mais livres para recuperar e reivindicar aspectos da identidade cultural que foram deixados de lado pelas gerações anteriores, que precisaram se adaptar e se assimilar à nova realidade.

De acordo com Imber-Black (1994), é essencial encontrar significado nas experiências que surgem ao longo da vida. A posição de uma criança ou de qualquer membro na família é marcada por uma dependência inevitável das necessidades e expectativas dos cuidadores. Eles decidem o que deve ou não ser revelado, o que frequentemente resulta na criação de segredos familiares. Essas dinâmicas geram uma lealdade inconsciente à família, ligada ao sentimento de vergonha que pode ser transmitido entre gerações.

Para quem cresce em uma família cheia de segredos vergonhosos, esses vínculos invisíveis deixam marcas profundas nos relacionamentos adultos. Frases comuns como *"Não está acontecendo nada"* ou *"Não conte para ninguém"* se tornam regras implícitas. Mesmo a morte dos pais ou irmãos não é suficiente para romper esses laços emocionais, que continuamos a carregar ao longo da vida. Por isso, é necessário explorar como essas lealdades inconscientes influenciam nossas escolhas e relacionamentos.

Desde a infância, somos condicionados a seguir regras familiares que estabelecem o que pode ou não ser expressado. Em famílias envolvidas em vergonha, essas regras são ainda mais rígidas. Como explica Imber-Black (1994), a baixa autoestima, ansiedade, raiva, depressão e sentimentos de alienação muitas vezes são sintomas da vergonha internalizada. A cura começa quando conseguimos romper com essas regras e descobrimos quem realmente somos por trás dos papéis que desempenhamos.

Na prática clínica, certos padrões indicam claramente a presença de uma dinâmica de vergonha na família, como abusos físicos ou sexuais, dependências, transtornos alimentares, dificuldades com limites pessoais e fugas ou pequenos delitos. Esses comportamentos são mantidos através da lealdade às regras familiares, perpetuando o ciclo de segredos e vergonha. A vergonha, assim, gera mais vergonha.

Ao investigar o processo de vergonha, desde o evento original até às dinâmicas familiares, muitos segredos emergem na terapia. Esses segredos geralmente estão ligados a eventos dolorosos, como acobertar questões de etnia, dificuldades de aprendizado ou deficiências cognitivas. Alguns segredos são conscientes, enquanto outros permanecem enterrados no inconsciente. Esses eventos podem envolver comportamentos presentes ou passados, crenças, fantasias ou mesmo partes esquecidas da história familiar.

Segredos familiares costumam envolver tabus culturais relacionados a dinheiro, sexo e doenças. Situações como falência, furto, incesto, abuso sexual, dependências, epilepsia e HIV são exemplos comuns de segredos que famílias guardam. No entanto, a privacidade de uma pessoa pode, muitas vezes, representar a vitimização e vergonha de outra. Por isso, nossa cultura tem incentivado a abertura e a revelação desses segredos como uma forma de cura.

A vergonha, embora dolorosa, é vista como um dos motivadores mais poderosos para o progresso humano. Ela pode impulsionar as pessoas a buscar perfeição, status e sucesso. Goleman (1987) aponta que a vergonha também pode levar ao desenvolvimento de comportamentos compulsivos ou aditivos, que oferecem alívio momentâneo. Em ambientes clínicos e em cursos sobre dinâmica familiar, os segredos relacionados à sexualidade são frequentemente os mais comuns e delicados de serem tratados.

A fidelidade familiar muitas vezes mantém os segredos e a vergonha intactos, mesmo quando eles têm um impacto debilitante. Para que essas questões venham à tona, geralmente é necessário que a família passe por uma "crise" que desperte a dor que estava profundamente enterrada. Alguns segredos são mantidos conscientemente, enquanto outros estão ligados a sentimentos de vergonha que são mais evidentes. Há também aqueles que ficam ocultos no inconsciente ou reprimidos nas memórias.

A privacidade, nesse contexto, funciona como uma ponte que conecta a vergonha ao segredo. Em um ambiente terapêutico acolhedor, empático e de apoio, esses segredos podem se transformar em catalisadores para a cura e o crescimento emocional. Ferramentas como o genograma e o genossociograma são muito úteis nesse processo, pois ajudam a revelar muitos dos segredos que estavam escondidos, trazendo luz às dinâmicas familiares.

Os segredos têm como intenção preservar os mitos da harmonia, da unidade, da união familiar, impedindo sua desestabilização. Quando uma lei explícita ou implícita for ameaçada de ser transgredida. A estruturação dos mitos e segredos na família se ancora nas regras, nos ritos, que ela organiza. O segredo se apresenta como uma decorrência do sentimento de dívida. Não é raro que dívidas de lealdades se transmitam de uma geração a outra.

Bowen (1978) descreve a maturidade como a capacidade de equilibrar as necessidades individuais com a união familiar. Essa definição atravessa diferentes idades e gêneros, destacando como cada pessoa lida com as forças familiares que influenciam sua vida. Cada indivíduo está no centro de múltiplas pressões vindas de sua família. Nesse contexto, as experiências que as pessoas enfrentam em cada etapa da vida – e suas consequências – dependem tanto da posição que ocupam dentro da família quanto dos eventos que ocorrem ao seu redor. Esse equilíbrio entre autonomia e conexão é essencial para o desenvolvimento emocional e relacional.

O PENSAMENTO SISTÊMICO –
O NOVO PARADIGMA DA CIÊNCIA

ILUMINADOS

O amor tem feito coisas
Que até mesmo Deus duvida
Já curou desenganados
Já fechou tanta ferida

O amor junta os pedaços
Quando um coração se quebra
Mesmo que seja de aço
Mesmo que seja de pedra
Fica tão cicatrizado
Que ninguém diz que é colado

Foi assim que fez em mim
Foi assim que fez em nós
Esse amor iluminado

(Ivan Lins)

Entender os aspectos históricos e as bases teóricas do pensamento sistêmico é essencial para que os terapeutas sistêmicos possam atuar de forma eficaz em diferentes contextos.

Maria José Esteves de Vasconcellos (2013) reflete sobre como nossos paradigmas – ou seja, as crenças, valores, experiências e conhecimentos que acumulamos ao longo da vida – moldam a maneira como percebemos o mundo. Esses paradigmas funcionam como filtros, organizando e interpretando as informações que recebemos do ambiente.

Esses filtros não apenas influenciam o que vemos, mas também o que deixamos de ver, pois tendemos a ignorar informações que não se encaixam no nosso paradigma. Por isso, compreender como esses filtros operam é essencial para questionarmos nossas percepções e buscarmos uma visão mais ampla e aberta do mundo.

Sluzki (1994 apud Aun, 2005, p. 98) destaca três momentos importantes no desenvolvimento da Terapia Familiar Sistêmica:

1. A mudança do foco no indivíduo para o sistema familiar. Nesse período, acreditava-se que a retroalimentação negativa era responsável por manter a estabilidade (homeostase) do sistema familiar, e o terapeuta era visto como alguém neutro e objetivo, observando de fora o sistema.

2. A compreensão de que a retroalimentação positiva podia gerar mudanças significativas, levando a saltos qualitativos no funcionamento do sistema. Apesar disso, o terapeuta ainda era considerado externo ao sistema, mantendo a ideia de objetividade e neutralidade.

3. O reconhecimento de que o terapeuta não pode ser completamente objetivo, pois ele é parte do sistema que observa. Esse momento traz a noção de autorreferência, onde o terapeuta reconhece sua influência no processo terapêutico e considera as narrativas de todos os membros do sistema, inclusive a sua própria.

Segundo Vasconcelos (2013), a família passou a ser vista como um sistema cibernético, e a Cibernética tornou-se uma base para a Terapia Familiar. Três fases foram destacadas nessa evolução: a Primeira Cibernética, a Segunda Cibernética e a Cibernética de Segunda Ordem.

No início, especialistas em saúde mental ampliaram o foco do indivíduo para as relações entre os membros da família. A ideia era que o equilíbrio do sistema familiar era mantido por retroalimentação negativa. Porém, ao reconhecerem a importância da retroalimentação positiva, os terapeutas começaram a ver as crises e desequilíbrios como oportunidades para que o sistema se reorganizasse, criando novas formas de funcionar. Essa visão corresponde à Segunda Cibernética, que ainda considerava o terapeuta como alguém externo ao sistema e objetivo em suas observações.

Com o avanço para a Cibernética de Segunda Ordem, surgiu a ideia de que o sistema familiar não existe de forma independente do observador. O terapeuta passou a reconhecer que ele também participa da construção do sistema, influenciando e sendo influenciado pelas interações. Essa abordagem coloca a "objetividade entre parênteses" (Maturana; Varela, 1983), assumindo que a realidade é coconstruída no espaço de interações e subjetividades. Essa mudança representou um salto qualitativo na evolução da Terapia Familiar, trazendo uma postura mais integrada e dinâmica para a prática.

Com esse avanço, a visão sistêmica novo-paradigmática se baseia em três pilares principais que fundamentam o paradigma da ciência: a complexidade, a instabilidade e a intersubjetividade. Esses elementos mostram como os sistemas são dinâmicos, interconectados e influenciados pela perspectiva de quem os observa.

O profissional que adota essa visão mais ampla trabalha considerando o Todo. Ele reconhece e foca nas relações interdependentes não apenas dentro da família, mas também no sistema terapêutico, do qual ele mesmo faz parte. Essa abordagem amplia o olhar, indo além do sistema familiar para incluir contextos mais amplos, como o social e o ambiental.

Compreendendo que o sistema possui autonomia e a capacidade de se reorganizar, o profissional reconhece que não pode prever ou controlar completamente sua evolução, mas assume uma corresponsabilidade no processo. Ele trabalha em colaboração com os membros da família, buscando construir alternativas e soluções por meio de diálogos que explorem os significados, as narrativas e as interpretações previamente atribuídas ao problema.

Morin (1977) destaca a necessidade de ultrapassar os limites da Cibernética tradicional, propondo a Si-Cibernética, onde o prefixo "si" remete à ideia de estar junto, em conexão. Essa abordagem articula as três dimensões do novo paradigma – complexidade, instabilidade e intersubjetividade – sem privilegiar nenhuma delas, proporcionando uma visão mais integrada e abrangente.

Segundo Aun (2005), alcançar a Terapia Familiar Novo-Paradigmática significa não se limitar a um único modelo ou técnica. É essencial valorizar e instrumentalizar as próprias experiências, utilizar a intuição e evitar aderir a verdades absolutas. O terapeuta deve adotar uma postura flexível, empregando recursos variados para estimular os potenciais genuínos existentes no sistema. Como enfatizou Von Foerster, isso deve ser feito sem perder de vista a liberdade que sustenta uma dimensão ética, com o objetivo de abrir novas possibilidades para o sistema.

TERAPIA FAMILIAR SISTÊMICA: HISTÓRIA DA TERAPIA FAMILIAR SISTÊMICA

Monte Castelo

Ainda que eu falasse
A língua dos homens
E falasse a língua dos anjos
Sem amor eu nada seria

É só o amor, é só o amor
Que conhece o que é verdade
O amor é bom, não quer o mal
Não sente inveja ou se envaidece

O amor é o fogo que arde sem se ver
É ferida que dói e não se sente
É um contentamento descontente
É dor que desatina sem doer

Ainda que eu falasse
A língua dos homens
E falasse a língua dos anjos
Sem amor eu nada seria

É um não querer mais que bem querer
É solitário andar por entre a gente
É um não contentar-se de contente
É cuidar que se ganha em se perder

É um estar-se preso por vontade
É servir a quem vence, o vencedor
É um ter com quem nos mata a lealdade
Tão contrário a si é o mesmo amor

Estou acordado e todos dormem
Todos dormem, todos dormem
Agora vejo em parte
Mas então veremos face a face

É só o amor, é só o amor
Que conhece o que é verdade

Ainda que eu falasse
A língua dos homens
E falasse a língua dos anjos
Sem amor eu nada seria

(Renato Russo)

A Terapia Familiar teve início com a colaboração de diversos pesquisadores, cada um explorando situações diferentes e buscando respostas únicas. Essa abordagem marcou um grande avanço ao propor que as pessoas sejam compreendidas não apenas como indivíduos isolados, mas como parte de uma rede de relacionamentos e contextos que as influenciam. Seu principal objetivo é fortalecer os vínculos que conectam as pessoas.

No final da década de 1940, a psicoterapia ainda seguia predominantemente o modelo intrapsíquico, focado no indivíduo. Porém, com os desafios trazidos pela Segunda Guerra Mundial e os resultados insatisfatórios obtidos nos tratamentos clínicos da época, tornou-se evidente a necessidade de uma nova abordagem, mais ampla e contextualizada.

Marilene A. Grandesso, psicóloga brasileira reconhecida por suas contribuições na Terapia Familiar e no Pensamento Sistêmico, destacou, nos anos 2000, que alguns psicanalistas, como Sullivan, Horney, Thompson e Fromm-Reichman, começaram a expandir o modelo psicanalítico ao incluir o ambiente e o contexto em suas abordagens. Essas mudanças buscavam construir modelos mais amplos e integrados. Ao mesmo tempo, crescia a insatisfação com os resultados dos tratamentos psicoterápicos tradicionais, como pacientes esquizofrênicos e delinquentes. Esse cenário abriu caminho para o surgimento de uma prática clínica orientada por uma visão sistêmica, que considerava não apenas o indivíduo, mas também as interações e os contextos que o cercavam.

A Teoria Sistêmica, desenvolvida por Von Bertalanffy (biólogo, 1930), e a Cibernética, proposta por Wiener (matemático, 1940), junto à Teoria da Comunicação por Watzlawick, Helmick e Jackson (2007) trouxeram uma nova abordagem para a psicoterapia, adaptada às demandas do contexto histórico. Essas teorias começaram a ser aplicadas em pesquisas e práticas com famílias de pacientes esquizofrênicos e de jovens delinquentes que já enfrentavam problemas com a lei. Essas populações, em geral, não apresentavam melhora com os tratamentos convencionais.

Nos anos 1960, Minuchin liderou um projeto focado em famílias com filhos delinquentes. Esse trabalho foi um marco na mudança da prática terapêutica, que deixou de se concentrar apenas no indivíduo e passou a considerar a interação entre os membros da família. Esse contexto de insatisfação com os resultados das terapias tradicionais, como a psicanálise e as teorias psicodinâmicas, levou ao desenvolvimento de uma nova abordagem: a Terapia Familiar Sistêmica (Grandesso, 2000).

A Terapia Familiar Sistêmica caracteriza-se pela interdisciplinaridade, integrando conhecimentos de diversas áreas. A Teoria Geral dos Sistemas, a Cibernética e a Teoria da Comunicação formam a base, o tripé, desse novo paradigma teórico e prático. Como aponta Esteves de Vasconcelos (1995), as práticas da Terapia Familiar são fundamentadas na abordagem sistêmica e na Epistemologia Cibernética, que priorizam a interação e os padrões dentro do sistema familiar. Em *Pragmática da Comunicação Humana,* de 1967, Paul Watzlawick, um dos pioneiros da abordagem sistêmica nas interações humanas, estuda os padrões, as patologias e os paradoxos da interação.

Maria José Esteves Vasconcellos (2013) explica que o termo "Cibernética" pode ser entendido de duas formas diferentes. Em alguns casos, ela é vista como uma epistemologia, ou seja, um conjunto de crenças, pressupostos e paradigmas que moldam uma visão sistêmica de mundo. Em outros casos, é compreendida como uma teoria, um conjunto de princípios que explicam o funcionamento de um objeto de estudo. É importante distinguir essas duas abordagens: enquanto uma teoria pode ser aplicada sem necessariamente mudar quem a aplica, a epistemologia faz parte de quem somos, influenciando nossas ações e nossa maneira de enxergar o mundo, como aponta Maturana (1969).

Norbert Wiener, matemático e criador da Cibernética[2], definiu-a em 1948 como uma teoria de comunicação e controle. Ele descreveu a máquina como um conjunto de elementos interativos e destacou os mecanismos que permitem sua regulação e funcionamento, mesmo diante de desvios ou perturbações. Para Wiener, a comunicação é essencial para as interações entre os componentes de um sistema. Assim, a Cibernética também é compreendida como uma Teoria Sistêmica, explicando tanto o funcionamento de máquinas autorreguladoras quanto o comportamento dos seres vivos, incluindo o sistema nervoso.

A relevância dessa abordagem atraiu especialistas de várias áreas, como matemáticos, engenheiros, fisiologistas, neurocientistas, psicólogos, antropólogos, economistas e outros. Eles se reuniam anualmente nas Conferências de Macy, em Nova York, para explorar essas ideias. Entre os participantes estavam os antropólogos Gregory Bateson e Margaret Mead, que incentivaram Wiener a aplicar seus conceitos à comunicação social. Isso resultou no livro *Cibernética e Sociedade* (1950), no qual Wiener analisou as características da comunicação e as trocas de mensagens na sociedade, além de expressar preocupações éticas, sociais e morais sobre os avanços científicos no controle e regulação.

---

[2] O termo Cibernética vem do grego *Kybernetess* (piloto ou condutor) e *Kybernetiké* (a arte de pilotar navios ou governar pessoas). Ele está diretamente ligado à ideia de mecanismos de regulação e controle, incluindo os processos de feedback, que permitem ajustes e respostas em sistemas (Vanconcellos, 2013).

Durante a Segunda Guerra Mundial, Wiener foi solicitado a desenvolver máquinas cibernéticas que pudessem substituir soldados no campo de batalha. Essa experiência reforçou sua visão de que a mensagem é o elemento central tanto na comunicação quanto no controle. Como apontado por Vasconcellos em Osório (cap. 10), Wiener argumentou que, ao nos comunicarmos ou darmos comandos, sempre transmitimos mensagens. Dessa forma, a Cibernética consolidou-se como uma teoria das mensagens e uma base para o pensamento sistêmico.

Ludwig Von Bertalanffy (1901–1972), biólogo austríaco, introduziu uma abordagem inovadora sobre como os sistemas interagem com seu ambiente em *Teoria Geral dos Sistemas*. Ele destacou o conceito de *feedback* (retroalimentação ou retroação), essencial para entender as relações entre os sistemas e o contexto que os cerca. Bertalanffy descreveu sua proposta como organicista, enfatizando que sua visão era mais abrangente do que a Cibernética, que se focava principalmente na noção de retroalimentação.

Sua abordagem inclui tanto sistemas naturais quanto artificiais, diferenciando entre máquinas cibernéticas, classificadas como sistemas artificiais, e organismos vivos, que são sistemas naturais. Ele explicou que os sistemas vivos, por serem abertos, não permanecem em equilíbrio – estado em que as diferenças internas desaparecem, levando à entropia máxima e à incapacidade do sistema de realizar trabalho. Em vez disso, a vida opera em um equilíbrio dinâmico, caracterizado pela coexistência de estabilidade e mudança, preservação e transformação contínuas.

Segundo Bertalanffy (1967), os sistemas vivos apresentam dois princípios gerais: a manutenção de um fluxo ordenado de processos e a tendência ao aumento da diferenciação e da ordem. A mudança de primeira ordem não altera substancialmente as regras ou relações internas do sistema, mantendo sua estabilidade (morfostase). Por outro lado, os sistemas naturais são capazes de se auto-organizar em resposta aos desafios do ambiente, criando novas estruturas e regras, o que caracteriza a mudança de segunda ordem, um salto qualitativo que promove o crescimento e a evolução (morfogênese).

O autor também ressaltou que eventos mínimos podem ter grandes impactos nos sistemas, especialmente nos sociais, que respondem a novos desafios globais e interconectados de formas criativas e inovadoras. Essa auto-organização é essencial para o progresso e a evolução. Trabalhos posteriores, como os de Heinz von Foerster (1974) sobre auto-organização e a *Biologia do Conhecer* de Maturana, ampliaram a compreensão sobre esse processo, complementando as ideias de Bertalanffy. Ilya Prigogine também contribuiu ao destacar o papel das estruturas dissipativas nos sistemas abertos.

Na década de 1970, o tema da auto-organização ganhou destaque novamente, mobilizando pensadores sistêmicos e ciberneticistas das Conferências de Macy. Essas reflexões resultaram na consolidação de um novo paradigma científico, que continua a influenciar diversas áreas do conhecimento até hoje.

Gregory Bateson destacou o fenômeno da vida ao integrar as ciências sociais às ciências físicas e biológicas no contexto da Cibernética. Ele e sua esposa, Margaret Mead, foram convidados para participar da 1ª Conferência Macy, que abordava questões de retroalimentação, devido à relação de seus trabalhos com o tema da comunicação. Desde 1926, ele já publicava estudos sobre culturas primitivas em lugares como Bali e Nova Guiné. Em 1936, lançou o livro *Naven*, resultado de sua pesquisa sobre a tribo Iatmul, da Nova Guiné. Mais tarde, em 1942, escreveu em parceria com Margaret Mead o livro *O Caráter Balinês*, publicado pela Academia de Ciências de Nova York. Entre 1949 e 1962, Bateson atuou como etnólogo no Hospital dos Veteranos, em Palo Alto, nos Estados Unidos. Durante esse período, obteve financiamento para pesquisar "o papel dos paradoxos de abstração na comunicação". Ele reuniu uma equipe de pesquisadores interessados em diversos aspectos da comunicação, como o humor, a comunicação entre animais, os padrões comunicativos de esquizofrênicos e os tipos lógicos usados na linguagem.

A Cibernética teve uma repercussão maior do que a Teoria Geral dos Sistemas no campo das ciências sociais e biológicas, inclusive na concepção de vida, como observa Capra (1996). Essa diferença de impacto pode estar relacionada a vários fatores. Primeiramente, os livros de Norbert Wiener foram publicados cerca de 20 anos antes das obras de Ludwig Von Bertalanffy, dando à Cibernética uma vantagem temporal para influenciar o pensamento científico. Além disso, a presença ativa e dominante de Wiener nas Conferências Macy, desde a década de 1940, junto com seu grupo multidisciplinar e sua posição como pesquisador no renomado Massachusetts Institute of Technology (MIT), também contribuíram para o maior alcance e influência da Cibernética.

Apesar de terem surgido em tempos distintos, a Cibernética e a Teoria Geral dos Sistemas oferecem contribuições complementares. Enquanto a Teoria Geral dos Sistemas tem uma abordagem mais organicista, focando na interação dinâmica dos sistemas vivos e enfatizando a evolução, a Cibernética é mais mecanicista, explorando os mecanismos de regulação e controle, tanto em máquinas quanto em organismos.

Heinz Von Foerster, físico austríaco nascido em Viena, foi convidado a participar das Conferências de Macy em 1949, onde começou a estabelecer conexões com os ciberneticistas do MIT. Formado em física, Von Foerster também tinha um grande interesse por filosofia, um traço comum em sua família – ele era sobrinho do filósofo Ludwig Wittgenstein. Seu fascínio pela linguagem logo se expandiu para questões sobre os processos mentais e como emergem os objetos e as leis da natureza.

A devastação causada pela guerra levou Von Foerster a incluir em suas reflexões uma constante preocupação ética sobre o ato de conhecer. A partir de 1958, ele começou a utilizar a linguagem cibernética para expressar suas ideias, trazendo contribuições valiosas, especialmente relacionadas ao fenômeno da auto-organização (Vasconcelos, 2009).

Os avanços sucessivos da Cibernética abriram espaço para uma nova forma de pensar, conhecida como Cibernética novo-paradigmática, ou epistemologia si-Cibernética. As contribuições de Heinz von Foerster foram fundamentais para esse desenvolvimento, trazendo uma visão sistêmica que revolucionou o pensamento cibernético.

Humberto Maturana, biólogo chileno nascido em 1928, também desempenhou um papel essencial nesse campo. Ele realizou pesquisas em biologia na Inglaterra e nos Estados Unidos, participando de uma equipe de neurofisiologia no MIT. Um de seus estudos mais marcantes foi intitulado *O que o olho da rã diz para o cérebro da rã*, considerado um marco nos estudos sobre a neurofisiologia da visão.

Entre seus trabalhos transdisciplinares, Maturana (1969) apresentou o que chamou de três Leis Sistêmicas, que são princípios fundamentais para compreender a relação entre os seres vivos e seus ambientes:

1. Quando as relações entre um ser vivo e seu ambiente começam a se conservar, essas relações se modificam para garantir sua continuidade.

2. O passado não determina o que ocorre; as ações são limitadas pela estrutura atual do sistema.

3. Tudo acontece de acordo com a coerência estrutural do momento e os seres vivos adaptam suas ações para preservar sua existência.

Essas três leis remetem a conceitos centrais da teoria de Maturana: organização autopoiética, que explica como os sistemas vivos mantêm sua autonomia pela qual aprende-se a realidade das coisas; fechamento estrutural, que descreve como os sistemas interagem dentro de seus limites; e acoplamento estrutural, que refere-se à adaptação mútua entre os sistemas e seus ambientes.

Segue o caso de duas irmãs, de cinco e oito anos, que, em 1922, foram encontradas e retiradas de uma aldeia ao norte da Índia. Elas haviam sido criadas por uma família de lobos, estavam em perfeitas condições de saúde física e não apresentavam nenhum problema de saúde mental. A menina de cinco anos morreu pouco tempo depois da sua separação da família lupina e a menina de oito anos, embora sobrevivido, nunca assumiu hábitos completamente humanos, segundo depoimentos da família que a resgatou. A resposta sobre isso, apresentada por Maturana e Varella (1969), explica que apesar de biologicamente humanas, essas crianças adquiriram hábitos do meio em que viveram. Disso se conclui que o processo de cognição é autopoiético e autônomo.

Perto do final de sua vida, Gregory Bateson, ao ser questionado sobre quem daria continuidade aos estudos da epistemologia, respondeu: "O centro desses estudos está agora em Santiago, no Chile, com um homem chamado Maturana". Apesar de usar o termo epistemologia, Bateson não seguiu o caminho da ontologia. Ele defendia que a objetividade era impossível, mas reconhecia a existência de uma realidade independente do observador, ressaltando como nossa percepção pode ser enganada pelos sentidos.

Humberto Maturana, por sua vez, trouxe uma nova perspectiva com sua teoria da autopoiese, que é essencialmente biológica. Como biólogo, Maturana tinha cautela em aplicar seus conceitos a outros sistemas, como os sociais, ao chamá-los de sistemas autopoiéticos. No entanto, sua teoria tem implicações tanto epistemológicas (como conhecemos) quanto ontológicas (o que conhecemos). Ele propõe que "conhecemos o que constituímos", uma ideia que marca uma diferença fundamental entre suas contribuições e as de Bateson. Enquanto Bateson oferecia uma abordagem transdisciplinar para os sistemas, Maturana ampliou essas reflexões ao introduzir novas respostas sobre o que significa conhecer.

Maturana (1969) também introduziu o conceito de Segunda Cibernética, focada nos processos morfogenéticos, ou seja, nos mecanismos que geram novas estruturas nos sistemas. Ele explicou que, em vez de apenas corrigir desvios (como fazia a primeira cibernética), a amplificação desses desvios, desde que não leve à destruição, pode transformar o sistema e criar um novo modo de funcionamento. Essa visão enfatiza a instabilidade e a imprevisibilidade da evolução dos sistemas.

Enquanto a Primeira Cibernética, também chamada de cibernética clássica, tratava da automanutenção do sistema e focava na correção de desvios para manter a estabilidade (homeostase), a Segunda Cibernética trouxe uma visão mais dinâmica. Segundo Vasconcelos (2009), essa abordagem, chamada de homeodinâmica, representa uma ruptura com a visão estática da Primeira Cibernética.

Essa mudança de perspectiva teve impacto direto no papel do terapeuta sistêmico-cibernético. Em vez de tentar restaurar o equilíbrio do sistema, o terapeuta da Segunda Cibernética vê as crises como oportunidades para que o sistema familiar mude suas regras de interação. Esse processo permite que a família desenvolva uma nova forma de funcionamento, mais satisfatória e qualitativamente diferente para seus membros.

Mesmo com o avanço da Primeira para a Segunda Cibernética, o terapeuta ainda é visto como alguém que observa o sistema de fora. Ele interfere no sistema, mas o percebe como algo que existe independentemente dele (Osório, 2009). Na Primeira Cibernética, como teoria de controle dos sistemas, a comunicação era subordinada ao controle. Máquinas cibernéticas exemplificam esse princípio ao proporcionar controle, mas deixam de lado a questão do poder que orienta quem comanda.

Com o tempo, a própria cibernética enfrentou essa limitação, assumindo que seus conceitos não se aplicam apenas aos sistemas observados, sejam eles artificiais ou naturais, mas também aos cientistas que os observam. Quando um observador passa a observar um sistema, forma-se um sistema mais amplo que inclui o próprio observador. Nesse contexto, a distinção não é mais feita por alguém externo, mas por quem está envolvido no sistema.

Heinz von Foerster (1972) introduziu a ideia de sistema observante, onde o observador se vê observando o sistema que emerge de suas distinções. Isso levou à chamada Cibernética de Segunda

Ordem, ou *Cibernética da Cibernética*, título de uma conferência de Foerster em 1974. Durante esse evento, ele mencionou a Teoria da Autopoiese de Humberto Maturana, enfatizando o teorema: "Tudo é dito por um observador" e complementando com "Tudo o que é dito é dito a um observador" (1974).

Com isso, torna-se impossível falar de uma realidade independente do observador. A realidade é inevitavelmente uma construção que ocorre em um espaço de intersubjetividade. Foerster preferiu o termo Ontogenetismo[3] ao invés de Construtivismo[4], pois remete à gênese, ao processo e à emergência da realidade que conhecemos. Assim, a comunicação, antes subordinada ao controle, passou a ocupar um lugar central.

Em 2007, as psicólogas Juliana Gontijo Aun, Maria José Esteves de Vasconcellos e Sônia Vieira Coelho publicaram o segundo volume da obra *Atendimento Sistêmico de Famílias e Redes Sociais*, intitulado *O Processo de Atendimento Sistêmico* e em seus estudos abordaram as repercussões da Cibernética de Segunda Ordem. Para elas, essas consequências são amplamente visíveis na Terapia Familiar, onde se consolidaram como base epistemológica do Construtivismo. Essa abordagem novo-paradigmática não só transformou a compreensão e a atuação no sistema familiar, mas também influenciou a forma como lidamos com sistemas mais amplos do que a família.

As práticas da Terapia Familiar, que tiveram suas raízes na Cibernética como teoria, evoluíram ao longo do tempo e atualmente são fortemente influenciadas pela Si-Cibernética, que se apresenta como uma epistemologia.

Um cientista ou profissional que adota o pensamento sistêmico assume uma visão que envolve três dimensões fundamentais.

---

[3] Ontogenia: processo de desenvolvimento e crescimento de um organismo, desde sua concepção até sua forma madura. No contexto da epistemologia, refere-se à gênese e evolução das ideias ou conceitos em um sistema.

[4] Construtivismo: abordagem epistemológica que afirma que a realidade é construída a partir das interações humanas. Em outras palavras, só podemos falar do que consideramos real com base nas conversações e relações que estabelecemos.

Ele reconhece e trabalha com a complexidade dos sistemas, evitando reduções simplistas e buscando compreender as conexões entre os elementos. Além disso, distingue a indeterminação dos sistemas, entendendo e aceitando a autonomia, a auto-organização e a autopoiese que caracterizam esses sistemas. Por fim, ele se percebe como parte integrante do sistema com o qual está interagindo, compreendendo que esse sistema é constituído a partir de suas próprias distinções.

Figura 3 – Si-Cibernética: a articulação dos desenvolvimentos da Cibernética

Si-cibernética: a articulação dos desenvolvimentos da cibernética.					
		Foco no elemento (simplicidade)			
1ª cibernética da cibernética de 1ª ordem	Foco na relação COMPLEXIDADE		Com ênfase à retroalimentação negativa (estabilidade)	Com concepção do sistema observado (objetividade)	Complexidade
2ª cibernética da cibernética de 1ª ordem			Com ênfase à retroalimentação positiva INSTABILIDADE		e Instabilidade
cibernética da cibernética ou cibernética de 2ª ordem				Com concepção do sistema observante INTER-SUBJETIVIDADE	e Intersubjetividade
	Complexidade	e	Instabilidade	e Intersubjetividade	SI-CIBERNÉTICA

Fonte: Osório; Valle (2009)

Heinz von Foerster usou a expressão "Cibernética da Cibernética" para descrever a evolução da Cibernética, e, a partir dela, surgiram várias outras denominações para esse segundo momento da teoria. Termos como Cibernética de Segunda Ordem, Cibernética de Segundo Grau, Cibernética da Linguagem e Nova Cibernética passaram a ser utilizados, além de expressões como Construtivismo ou Visão Construtivista (Vasconcelos, 2013).

No campo sistêmico, alguns profissionais ainda seguem uma abordagem baseada na chamada *Epistemologia Sistêmica de 1ª Ordem*, que mantém uma visão mais tradicional. Esses são frequentemente identificados como terapeutas sistêmicos. Por outro lado, aqueles que adotaram uma Epistemologia Sistêmica de 2ª Ordem – mais alinhada com o Construtivismo – têm sido denominados Construtivistas, Construcionistas, Narrativistas, Conversacionalistas e, em alguns casos, até mesmo Pós-Modernos.

Com relação à Teoria da Comunicação, como citado anteriormente, Paul Watzlawick, em 1967, explica como nossas crenças, ou o que chama de Premissas de Terceira Ordem, são formadas a partir das nossas experiências e vivências. Essas crenças, junto com nossa visão de mundo, estão relacionadas ao funcionamento do hemisfério direito do cérebro. Watzlawick aponta a dificuldade de promover mudanças nesses aspectos utilizando uma linguagem racional, que é própria do hemisfério esquerdo.

O contato direto com o mundo por meio de experiências nos permite vivenciar situações e, com isso, adquirir novos significados e conhecimentos. Quando repetimos essas vivências, elas se consolidam e moldam nossa forma de estar no mundo, criando nossa visão de mundo e nossos paradigmas – as bases que sustentam as Premissas de Terceira Ordem (Vasconcelos, 2013).

Edgar Morin (1999) complementa, afirmando que a mudança de paradigmas é um processo lento e difícil, pois implica o colapso de toda uma estrutura de ideias. Assim, essas transformações só podem ocorrer por meio de experiências que confrontem os limites do nosso paradigma atual. Segundo Watzlawick, a comunicação não transmite apenas informação, mas também comportamento. E, como todo comportamento tem valor de mensagem, isso reforça a importância das vivências no processo de mudança.

Traumas, segredos e conflitos intensamente vividos, assim como memórias significativas, podem ser transmitidos às gerações seguintes por meio da transmissão transgeracional ou até mesmo influenciar o DNA. Descendentes podem manifestar distúrbios, doenças ou comportamentos incomuns, refletindo a ressonância de papéis ocupados por outros membros da família em diferentes momentos do ciclo de vida. Reconhecer essas transmissões é um passo essencial para interromper padrões repetitivos e possibilitar mudanças transformadoras.

Rupert Sheldrake (2019), em sua Teoria do Campo Morfogenético, sugere que existam campos capazes de transportar informações, mas não energia, que influenciam sistemas organizados internamente. Esses campos, amplamente explorados em trabalhos sistêmicos, ajudam a entender como padrões e memórias podem atravessar gerações, moldando e influenciando os comportamentos dos indivíduos.

O conceito de campo não deve ser visto como algo periférico ou esotérico. Ele está presente em diversas interações naturais. Um exemplo prático é o de um grupo de lobos, em que os pais deixam seus filhotes em cavernas enquanto saem para caçar. Mesmo separados por grandes distâncias, esses animais conseguem manter algum tipo de comunicação, como se houvesse uma "telepatia"[5] ou um sentimento que os conecta à distância. Na Terapia Sistêmica com Cavalos, observa-se um fenômeno semelhante: o cavalo, extremamente sensível, capta e reflete os estados emocionais das pessoas, criando uma conexão não verbal que facilita a compreensão de padrões emocionais e comportamentais.

Essa ideia dialoga com o conceito de *telê*, desenvolvido por J. L. Moreno (1983), psicólogo e sociólogo norte-americano de origem romena. Segundo Moreno, a *telê* é a capacidade ou disposição que cada pessoa tem de se conectar com outras, gerando o que ele chamou de "*telê* positiva e *telê* negativa", que definem os fatores emocionais e o clima afetivo em uma relação ou grupo.

---

[5] O conceito de telepatia pode ser construído com base em fenômenos científicos relacionados à percepção, à comunicação não verbal e à sincronização em sistemas vivos. Embora o termo "telepatia" muitas vezes seja associado ao sobrenatural, ele pode ser entendido de forma mais prática como uma interação sensorial refinada entre organismos que compartilham laços próximos ou se encontram em ambientes altamente interconectados. Alguns cientistas, como Rupert Sheldrake, teorizam que sistemas biológicos estão conectados por campos morfogenéticos, que seriam estruturas informacionais que influenciam o comportamento coletivo de um grupo. Embora ainda seja uma teoria debatida, ela sugere que há formas de comunicação que vão além dos sentidos conhecidos.

Gregory Bateson também contribuiu para esses estudos ao explorar a comunicação e interação entre diferentes espécies, ampliando nossa compreensão das conexões entre os seres vivos.

No contexto das interações humanas, todo comportamento numa situação interacional tem valor de mensagem, ou seja, é uma comunicação. Seja por meio de palavras, silêncio, ações ou inatividade, sempre estamos nos comunicando. Isso significa que é impossível não comunicar, pois qualquer gesto ou ausência de ação transmite significado para os outros.

Os axiomas da Teoria da Comunicação apresentados por Watzlawick *et al.* (1967) discutem os efeitos comportamentais da Comunicação Humana. Qualquer comunicação implica um envolvimento e, como consequência, define a relação. Para Bateson *et al.* (1956), essas duas operações constituem, respectivamente, os aspectos de relato e de ordem presentes em qualquer comunicação. Esses dois elementos coexistem e se complementam em qualquer interação. Além de transmitir informação, a comunicação também influencia o comportamento. Bateson explica que ela opera em dois níveis: o de "relato", que se refere ao conteúdo, e o de "ordem", que trata das relações entre os comunicantes. Os estudos de Bateson deram origem à caracterização da comunicação por Watzlawick como simétrica ou complementar, a partir das relações baseadas na igualdade ou na diferenciação. Os comportamentos complementares como os simétricos podem ser apropriados, dependendo do contexto da situação. O problema surge quando uma relação se cristaliza numa dessas classes, tornando-se rigidamente simétrica ou complementar, de acordo com Féres-Carneiro (1996).

No dia a dia, a comunicação simétrica ocorre quando as partes envolvidas interagem em condições de igualdade, como colegas de trabalho no mesmo nível hierárquico que trocam ideias ou sugestões, assim como relacionamentos entre casais. Essa relação é saudável enquanto permite colaboração e troca de perspectivas. No entanto, problemas podem surgir se essa simetria se tornar rígida, transformando a interação em uma competição constante, com ambas as partes tentando se superar, dificultando a cooperação.

Já na comunicação complementar, as diferenças entre os participantes estruturam a interação, como no caso de um chefe e um subordinado. O chefe lidera e delega, enquanto o subordinado executa e fornece feedback, criando um equilíbrio funcional. No entanto, se essa relação se cristalizar, pode gerar problemas como autoritarismo ou dependência excessiva. Esses exemplos refletem como os elementos de relato (o conteúdo) e ordem (a relação) moldam as interações e mostram a importância de manter a flexibilidade nos padrões de comunicação.

A capacidade de "metacomunicar" – ou seja, de se comunicar sobre a própria comunicação – está intimamente ligada à consciência de si mesmo e do outro, tornando a relação o ponto central de toda interação.

Na Teoria da Comunicação, um sintoma pode ser entendido como uma mensagem não verbal, frequentemente usada para expressar algo como: "Não sou eu que não quero; é algo fora do meu controle – minha ansiedade, o álcool, minha criação, meu cônjuge, meus nervos ou minha saúde".

A comunicação analógica – expressa por postura, gestos, expressões faciais, inflexão de voz, ritmo e outras manifestações não verbais – têm raízes em períodos arcaicos da evolução. Por outro lado, o aspecto de conteúdo tende a ser transmitido de forma digital, enquanto o aspecto relacional é predominantemente analógico.

Nesse momento, surge o Paradoxo dos Axiomas da Comunicação. Mesmo que o paciente afirme não estar se comunicando, seu comportamento – o silêncio, a postura corporal, a falta de contato visual – já está enviando uma mensagem. A negação verbal de estar se comunicando é, por si só, uma forma de comunicação, pois indica resistência, desconforto ou até mesmo uma tentativa de evitar o vínculo naquele momento.

No silêncio ou negação, a comunicação está sempre presente, seja de forma verbal ou não verbal. O paradoxo emerge da tentativa de escapar da inevitabilidade dos axiomas da comunicação: é impossível não comunicar.

O pensamento sistêmico na prática clínica trouxe uma mudança importante em relação às abordagens terapêuticas tradicionais. Ele promove dois grandes avanços: o primeiro é a transição do foco, antes centrado nos processos internos do indivíduo (intrapsíquico), para as relações entre o indivíduo e os sistemas aos quais ele pertence (inter-relacional). Essa nova perspectiva considera os problemas como parte de uma dinâmica sistêmica, indo além de uma visão exclusivamente psicológica. Com isso, a psicoterapia adota uma abordagem mais abrangente e interdisciplinar, capaz de lidar com as complexidades e exigências do contexto histórico em que vivemos.

Magoroh Maruyama (1968) fez contribuições valiosas sobre os paradoxos da comunicação humana. Ele apontou que, para sobreviver, os sistemas vivos precisam de mais do que estabilidade (ou morfostase). Eles também precisam da capacidade de mudança, chamada de morfogênese, que é a habilidade de alterar sua estrutura básica para se adaptar às transformações no ambiente.

Esse processo de adaptação vai além da retroalimentação[6] negativa, que regula e mantém o equilíbrio. Ele depende da retroalimentação positiva, que permite amplificar desvios e gerar mudanças significativas. É por meio desse mecanismo que os sistemas conseguem se ajustar ao contexto e sobreviver, mesmo diante de desafios e situações imprevisíveis.

Os processos de amplificação de desvios, que ocorrem por meio da retroalimentação positiva e promovem mudanças nos sistemas, foram descritos por Maruyama (1968) como parte da Segunda Cibernética, marcando um novo estágio em relação à Cibernética de Primeira Ordem.

Enquanto a retroalimentação negativa é considerada conservadora por manter o *status quo* e garantir a estabilidade do sistema, a retroalimentação positiva se destaca por trazer novidades e impulsionar a evolução dos sistemas. Inicialmente, os teóricos dos

---

[6] No contexto sistêmico, a retroalimentação ou *feedback* é um mecanismo que regula ou modifica o comportamento de um sistema com base nos resultados de suas próprias ações.

sistemas viam a retroalimentação positiva como algo indesejável, associando-a à destruição dos sistemas (Hoffman, 1981). Ao contrário da visão homeostática da Primeira Cibernética, a Segunda Cibernética propôs uma visão homeodinâmica, que considera os sistemas como dinâmicos e adaptáveis (Sluzki, 1987).

A Segunda Cibernética se baseou, entre outras ideias, nas contribuições de Prigogine sobre sistemas afastados do equilíbrio e no conceito de "Ordem por meio da flutuação" (Prigogine; Stengers, 1984).

Nesse contexto, as mudanças dentro dos sistemas foram classificadas de duas formas:

- Mudanças de Primeira Ordem: Ajustes reversíveis que corrigem desvios e mantêm o padrão de organização do sistema.

- Mudanças de Segunda Ordem: Transformações irreversíveis que resultam em um salto qualitativo, levando o sistema a um novo nível de organização.

A Cibernética de Primeira Ordem, tanto em seu primeiro momento (Primeira Cibernética) quanto em seu segundo (Segunda Cibernética), estabelece uma epistemologia que destaca a interdependência entre o observador e o sistema observado. Isso significa que o observador sempre influencia, de alguma forma, naquilo que está estudando. Essa Cibernética, baseada na ideia de que a observação é objetiva e independente da realidade sistêmica, ficou conhecida como a Cibernética dos Sistemas Observados (Von Foerster, 1974). No campo da Terapia Familiar, essa epistemologia, em seu primeiro momento, originou os modelos comunicacionais, interacionais e de terapia breve. Nessa abordagem, a prática terapêutica se organizava em torno de conceitos como regras familiares, mitos familiares e padrões interacionais, com foco na correção de desvios. Esse foi o caso dos trabalhos realizados na década de 1960 no *Mental Research Institute* de Palo Alto.

No segundo momento, a mesma epistemologia incorporou a ideia de mudanças de Segunda Ordem, que acontecem por meio da amplificação de desvios. Isso levou ao desenvolvimento de modelos de terapia que utilizavam técnicas geradoras de crises, desequilibrando o sistema para promover transformações. Um exemplo desse avanço foi o modelo estrutural de Salvador Minuchin, que usava essas intervenções para reorganizar o sistema familiar.

Gregory Bateson, antropólogo inglês e um dos fundadores da Escola de Palo Alto (1949-1962), trouxe contribuições fundamentais para a Terapia Familiar. Ele considerava a família um sistema homeostático, ou seja, capaz de manter sua estabilidade mesmo diante de desafios. Em estudos sobre famílias com membros esquizofrênicos, observou que elas pareciam usar mecanismos homeostáticos que resistiam à mudança. A partir disso, Don Jackson (1968) introduziu o conceito de homeostase familiar.

Na década de 50, Bateson desenvolveu a teoria do duplo-vínculo, que explora como padrões de comunicação e relações familiares podem afetar a saúde mental, especialmente em casos de esquizofrenia. Entre 1949 e 1962, ele trabalhou no Hospital dos Veteranos em Palo Alto, onde liderou um grupo de pesquisadores que investigava os paradoxos na comunicação, incluindo interações com pacientes esquizofrênicos. Esses estudos estabeleceram conexões importantes entre a Cibernética e a Terapia Familiar, mostrando como paradoxos nas interações podem levar a comunicações patogênicas. A combinação da Cibernética, da Teoria Geral dos Sistemas e da Teoria da Comunicação formou a base para o desenvolvimento da Terapia Familiar. Além disso, os efeitos dos padrões de comunicação, com foco nas desordens comportamentais, contribuíram para a formulação dos axiomas da comunicação.

No campo da pesquisa, Bateson conseguiu alinhar as teorias de Wiener e Bertalanffy com a prática clínica, oferecendo uma base sólida para a Terapia Familiar. Como destacado por Grandesso (2011), ele antecipou muitos dos avanços que a Terapia Familiar viria a adotar no futuro. Nomes como Don Jackson, Virginia Satir, Weakland, Jay Haley, Watzlawick e Beavin formaram um grupo diverso que buscava descrever os dilemas humanos no contexto das relações familiares, promovendo uma nova forma de pensar sobre as interações humanas.

Bateson via a Cibernética como um dos maiores avanços da humanidade, chamando-a de "a maior mordida no fruto da Árvore do Conhecimento nos últimos 2000 anos" (Bateson, 1972, p. 506-507). Porém, ele também alertava sobre os riscos do mau uso desse conhecimento.

Por fim, as ideias de campo morfogenético, de Rupert Sheldrake e as contribuições de Prigogine, vencedor do Prêmio Nobel de Química, se entrelaçam com essas abordagens. Essas teorias ajudam a compreender como padrões familiares e sintomas se repetem por meio de campos que carregam informações. A Terapia Sistêmica, inclusive com cavalos, demonstra como a retroalimentação desses padrões pode ser observada em interações familiares. Sheldrake (2000), em sua obra *Cães sabem quando seus donos estão chegando*, e Prigogine (1984), com suas ideias sobre física quântica, exemplificam como diferentes campos do conhecimento contribuem para a compreensão dos sistemas vivos e de seus comportamentos.

Bateson foi um dos primeiros a propor que a família poderia ser comparada a um Sistema Cibernético, semelhante a uma máquina que busca estabilidade (homeostase). Assim como essas máquinas possuem circuitos de retroalimentação negativa, que corrigem erros e reduzem desvios para manter o sistema, as famílias também usam mecanismos internos para manter seu equilíbrio.

No caso das famílias com membros esquizofrênicos estudadas por Bateson, foi observado que elas pareciam resistir às mudanças, utilizando mecanismos homeostáticos que mantinham o funcionamento familiar estável, mas disfuncional. A partir dessas observações, Jackson (1968) introduziu o conceito de homeostase familiar, explicando que, quando o sistema familiar se desvia de seu equilíbrio normal, pode surgir um sintoma em um de seus membros. Para lidar com esse sintoma, os outros integrantes da família acabam retomando seus antigos papéis, fazendo o sistema retornar ao estado que já conheciam.

De forma semelhante aos autômatos cibernéticos, em que o "governador" regula os movimentos possíveis, os membros da família desempenham ações para manter o sistema funcionando conforme suas próprias regras. Assim, comportamentos sintomáticos podem ser entendidos como uma estratégia do sistema para se reequilibrar e resistir a mudanças.

A Terapia Familiar também foi influenciada pelas pesquisas de Ilya Prigogine, vencedor do Prêmio Nobel, que estudou sistemas físico-químicos. Ele mostrou que esses sistemas, em determinados momentos de instabilidade chamados "pontos de bifurcação", podem passar por transformações significativas, saltando para um novo estado de funcionamento. Esses processos, conhecidos como morfogênese, geram novas estruturas e destacam como a instabilidade pode levar à mudança e à evolução.

Segundo Grandesso (2011), o pensamento sistêmico-cibernético trouxe uma mudança importante na Terapia Familiar ao enfatizar o presente e o contexto para compreender os dilemas humanos. Essa abordagem considera não apenas o indivíduo, mas também suas interações com os outros e com o ambiente. Diferente do modelo médico ou psicodinâmico, que localizam o sintoma exclusivamente no indivíduo (seja por fatores bioquímicos, genéticos ou psicológicos), a Terapia Sistêmica amplia o olhar para o sistema como um todo.

A Terapia Sistêmica baseia-se em conceitos importantes sobre o funcionamento dos sistemas:

- **Globalidade:** todos os sistemas funcionam como um todo integrado, coeso e mudanças em uma das partes provocam mudanças no todo.

- **Não-somatividade:** afirma que o sistema não é apenas a soma de suas partes, deve-se considerar o todo em sua complexidade e organização. Embora o indivíduo seja parte da família, ele mantém sua individualidade.

- **Homeostase:** é o processo de autorregulação que mantém a estabilidade do sistema e preserva seu funcionamento e para manter um sintoma, a família elege um porta-voz.

- **Morfogênese:** característica dos sistemas abertos que absorvem influências externas e se transformam. É processo oposto à homeostase.

- **Circularidade:** a interação entre as partes é circular, chamada de causalidade circular, bilateralidade ou não-unilateralidade, a ordem dos fatores não altera o resultado. Essa relação é não-linear.

- **Retroalimentação (feedback):** garante a circulação de informações no sistema. O feedback negativo mantém a estabilidade (homeostase), enquanto o feedback positivo promove mudanças no sistema (morfogênese).

- **Equifinalidade:** nos sistemas abertos, é possível alcançar o mesmo resultado a partir de diferentes condições iniciais (Vasconcelos, 2013).

A Terapia Familiar Sistêmica considera a família como um sistema aberto, no qual os membros são interdependentes e influenciados pelo ambiente. Quando um indivíduo manifesta um sintoma, ele é visto como o porta-voz de uma disfunção no sistema familiar, apontando para a necessidade de ajustes nas relações ou dinâmicas do grupo.

A partir dessa abordagem sistêmica, diversas escolas de Terapia Familiar foram desenvolvidas, entre elas a Escola Estratégica; a Escola Estrutural; a de Milão; as Escolas Construtivistas; Narrativas e a Pós-Moderna, segundo Féres-Carneiro (1996):

Escola Estratégica: fundada por teóricos como Jackson, Bateson, Haley, Weakland e Watzlawick. Essa escola deu origem ao Mental Research Institute (MRI) em Palo Alto, Califórnia, em 1958. O foco inicial estava nas famílias com membros esquizofrênicos, com estudos sobre padrões de comunicação. Bateson e colaboradores (1956) introduziram o conceito de duplo-vínculo, relacionando problemas de comunicação à esquizofrenia. Lyn Hoffman, que inicialmente colaborou com Haley, posteriormente migrou para uma abordagem baseada no Construcionismo social e Narrativas.

Escola Estrutural: liderada por Salvador Minuchin, um dos principais nomes da Segunda Cibernética. Essa escola se destacou pelo trabalho com famílias de adolescentes delinquentes. Em 1967, Minuchin e uma equipe interdisciplinar publicaram *Family of the Slums*, apresentando suas observações sobre famílias em vulnerabilidade social. Minuchin desenvolveu a ideia de que a estrutura familiar, embora invisível, pode ser mapeada a partir das interações observadas em sessões terapêuticas. Em *Psychosomatic Families* (1978), ele aplicou essa abordagem para compreender famílias de crianças com distúrbios psicossomáticos, demonstrando como certos padrões familiares contribuem para a origem e manutenção dessas condições.

Essas escolas, cada uma com seu enfoque particular, contribuíram para o avanço da Terapia Sistêmica, ampliando a compreensão das relações familiares e suas implicações na saúde mental.

Virgínia Satir (1916-1988), psicoterapeuta norte-americana conhecida como a "Mãe da Terapia Familiar", iniciou seu trabalho com famílias em 1959. Uma das fundadoras do *Mental Research Institute* (MRI), em Palo Alto, Satir focava no crescimento pessoal e na melhoria da expressão e *insight* das pessoas, com base no conceito de "fazer pessoas", como descrito por Minuchin (2008). Ela acreditava que os terapeutas deveriam ter um profundo conhecimento de si mesmos, incluindo a resolução de questões não resolvidas em suas.próprias relações familiares. Satir desenvolveu técnicas inovadoras, como o reenquadramento, o uso da árvore familiar (precursora do genograma) e a escultura familiar, que são amplamente utilizadas até hoje. Essas práticas ajudavam os membros da família a encenar e vivenciar diferentes papéis, promovendo um novo crescimento e uma melhor compreensão de suas dinâmicas.

A **Escola de Milão**, liderada por Mara Selvini Palazzoli e seus colegas Luigi Boscolo, Giuliana Prata e Gianfranco Cecchin, surgiu com uma abordagem sistêmica após experiências com famílias de crianças anoréxicas e influências da literatura de Palo Alto. O grupo desenvolveu um modelo de intervenção focado em rituais familiares, ações específicas que envolvem todos os membros da família. Esses rituais são adaptados às necessidades e particularidades de cada família e, muitas vezes, refletem a etnicidade como uma forma de fortalecer a identidade e a união familiar. Segundo McGoldrick (1995), o grau de ritualização e as celebrações variam entre famílias, influenciadas por fatores como etnicidade e contexto histórico.

A **Escola Construtivista**, surgida no final da década de 1970, baseia-se na Cibernética de Segunda Ordem e na ideia de retroalimentação evolutiva de Prigogine (1979). Essa abordagem vê a crise não como um risco, mas como parte do processo de mudança e transformação do sistema familiar. Inspirada por Maturana e seus estudos sobre sistemas autopoiéticos, essa escola considera a família como um sistema auto-organizado, onde os problemas não residem na família em si, mas na maneira como ela constrói sua realidade. A terapia, nesse contexto, torna-se um processo de construção de novas linguagens e significados, reorganizando os comportamentos e redefinindo as interações familiares. Goolishian e Winderman (1989) destacam que é a linguagem que determina o sistema interacional, influenciando diretamente os significados atribuídos aos problemas e às soluções.

Sob a influência dessas escolas, os terapeutas passaram a concentrar-se na linguagem e nas narrativas, destacando o fato de que o conhecimento não é uma representação da realidade externa, mas um consenso construído por aqueles que compartilham um espaço de interação e linguagem (Minuchin, 2008). Essas perspectivas trouxeram novas possibilidades para a prática terapêutica, enfatizando a autonomia dos sistemas familiares e o papel ativo dos terapeutas na coconstrução de soluções.

Nas **Abordagens Narrativas,** as histórias têm um papel essencial na forma como as pessoas dão sentido às suas experiências. A vida é vivida e organizada através de narrativas que ajudam a interpretar o mundo e as situações vividas. Muitos problemas emergem da linguagem e são capturados por histórias dominantes que foram coautorias dentro das comunidades linguísticas, ganhando uma dimensão padronizada e canônica.

Liderada por Michael White e David Epston, do *Dulwich Centre em Adelaide*, Austrália, a abordagem narrativa enfatiza a desconstrução dessas histórias dominantes, que muitas vezes perpetuam práticas opressivas e subjugadoras do *self*. Um dos principais conceitos dessa abordagem é a externalização, que propõe separar a pessoa do problema, tratando-os como entidades distintas. Isso permite que os indivíduos se distanciem de narrativas limitadoras, abrindo espaço para a criação de histórias alternativas que promovam maior liberdade e possibilidades de transformação.

Nas **Abordagens Colaborativas,** conforme Grandesso, a Terapia Familiar, especialmente na abordagem Pós-Moderna, é estruturada com base na ideia de que os sistemas humanos são sistemas linguísticos. Esses sistemas geram linguagem, produzem significados e organizam ou dissolvem problemas. A prática terapêutica é relacional e dialógica, entendendo o diálogo como uma conversação transformadora, na qual o cliente é reconhecido como o principal especialista sobre sua própria vida. O terapeuta, por sua vez, traz como principal recurso a si mesmo, como ser humano (Anderson, Goolishian; Winderman, 1986 *apud* Grandesso, 2009).

De acordo com Grandesso (2009), o campo da Terapia Familiar e das práticas sistêmicas na pós-modernidade evoluiu em direção às terapias Construtivistas e Construcionistas Sociais, destacando modelos conversacionais, dialógicos e narrativos. Baptista (2009), citado por Osório (2009), enfatiza que, em um mundo cada vez mais marcado pela complexidade, instabilidade e intersubjetividade, é fundamental que os psicoterapeutas de família evitem modelos rígidos e fechados. O desafio é promover práticas inclusivas, que unam o saber científico aos conhecimentos do senso comum. Nesse contexto, as crises são vistas como parte integrante do processo de mudança, que ocorre de dentro para fora, movendo-se de uma relação de verticalidade para horizontalidade, considerando os significados, a história e a cultura de cada sistema familiar.

Nas **Terapias Pós-Modernas,** na visão de Osório e Pascual do Valle & Cols. (2009), a Terapia Familiar contemporânea é caracterizada por uma multiplicidade de abordagens. Apesar dessa diversidade, uma coerência epistemológica une as práticas pós-modernas, baseando-se em pressupostos teóricos que organizam a atuação dos terapeutas. Enraizada nos contextos locais e nas histórias culturais de diferentes comunidades linguísticas, a terapia é vista como uma prática social transformadora. Essa abordagem Pós-Moderna tem como alicerce uma hermenêutica contemporânea fundamentada na intersubjetividade, onde o terapeuta é um coconstrutor das realidades com as quais trabalha, promovendo uma interação ativa e colaborativa.

Jacob Levy Moreno (1889-1974), psiquiatra criador do psicodrama, é frequentemente descrito como um pensador sistêmico e um precursor da ciência Pós-moderna. Segundo Baptista (2009), citado por Osório (2009), os conceitos do psicodrama de Moreno alinham-se com o pensamento sistêmico do paradigma atual, evidenciando-o como um homem à frente de seu tempo. Moreno (1983) descreveu o ser humano como essencialmente relacional, com o "Eu" formado pela interação entre características inatas e as relações que se estabelecem ao longo da vida. Ele destacou a família como o primeiro grupo social da criança, chamado de "matriz da identidade" ou "placenta social". É nesse espaço que ocorre o jogo e o treino dos papéis sociais, os quais se expandem à medida que o indivíduo desenvolve autonomia e independência.

Para Moreno (1972), o "Átomo Social" é importante para compreender o ambiente afetivo, o mundo pessoal e suas interações, como padrões de relacionamento e as dinâmicas familiares. Para tratar problemas originados na trama inter-relacional, Moreno (1983) introduziu o método do *role-playing*, ou terapia dos papéis, enfatizando que essas dificuldades devem ser abordadas em grupo ou no próprio contexto social que as gerou.

Nesse viés, a **Psicogenealogia** é uma prática Pós-Moderna, sendo o estudo da transmissão de conteúdos e padrões familiares de forma transgeracional. Trata-se de uma abordagem sistêmica, transdisciplinar e interdisciplinar, desenvolvida principalmente por Anne Ancelin Schutzenberger, psicóloga e professora, considerada a "mãe" da Psicogenealogia. Schützenberger baseou-se em fundamentos da Teoria Sistêmica da Escola de Palo Alto, nas repetições familiares de Josephine Hilgard e nas lealdades invisíveis de Boszomenyi-Nagy para criar um método que investiga como eventos, traumas e padrões familiares são transmitidos entre gerações. Anne Ancelin (2007) ampliou a noção de "Átomo social" de Jacob Levi Moreno, com animais domésticos (gatos, cães, cavalos, entre outros) e certos objetos significativos no passado, música, lugares, personagens históricos, instituições religiosas ou escolares mais importantes. Tudo aquilo que está "dentro de você e muito além dos esquecimentos", que estão no coração: os mortos, os símbolos e as coisas imateriais (Oliveira, 2014)

Além disso, Alejandro Jodorowsky pode ser considerado o "pai" da Psicogenealogia que relata que inventou o termo nos anos de 1980, no livro *Metagenealogia*. Para ele, a Psicogenealogia mostra tanto as nossas forças quanto as nossas fraquezas, tendo suas origens nos distintos ramos da nossa árvore genealógica, "através da psique". Na história de nossos pais, familiares e antepassados está toda a chave que marca nosso presente, segundo Mônica da Silva Justino (2017).

PARTE 2

FAMÍLIA – SISTEMA – TERAPIA FAMILIAR

*Nunca é alto o preço a se pagar pelo privilégio
de pertencer a si mesmo.*
(Nietzsche)

NOÇÕES DE SISTEMA

Figura 4 – Noções de sistema (com base nos estudos de Bronfenbrenner de 2011)

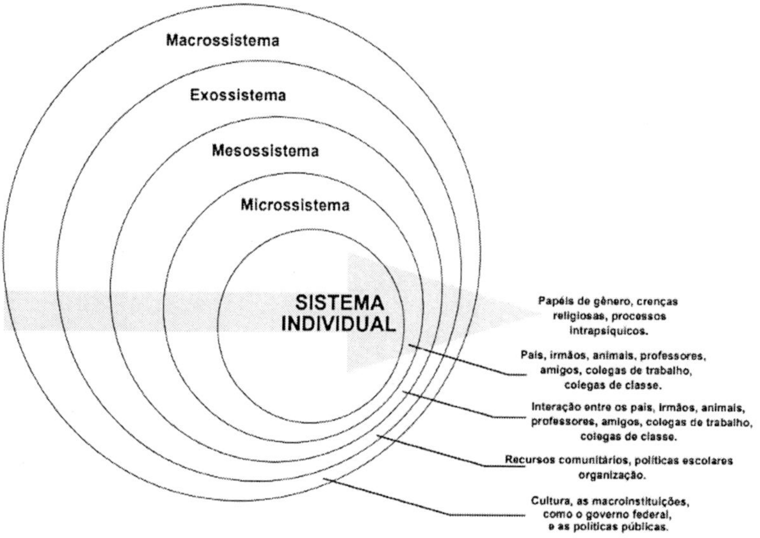

- Macrossistema
- Exossistema
- Mesossistema
- Microssistema
- SISTEMA INDIVIDUAL

Papéis de gênero, crenças religiosas, processos intrapsíquicos.

Pais, irmãos, animais, professores, amigos, colegas de trabalho, colegas de classe.

Interação entre os pais, irmãos, animais, professores, amigos, colegas de trabalho, colegas de classe.

Recursos comunitários, políticas escolares organização.

Cultura, as macroinstituições, como o governo federal, e as políticas públicas.

Fonte: Bronfenbrenner (2011)

A família pode ser compreendida como um sistema social que reflete os contextos históricos, culturais e políticos em que está inserida. Dentro desse sistema, há diversos subsistemas, e cada indivíduo desempenha um papel único. Diferenças de idade criam grupos específicos, como os adultos e as crianças, enquanto o gênero também estabelece divisões, como os subsistemas masculino e feminino. Além disso, os laços de sangue e a história compartilhada moldam as interações entre os membros. Padrões e compreensões emergem das dinâmicas familiares, definindo limites e hierarquias que, embora possam parecer abstratos, são fundamentais para a organização e equilíbrio da família (Minuchin, 2008).

A Ecologia, como uma vertente do Pensamento Sistêmico, foca nas relações interconectadas entre os organismos. Segundo Capra (2006), a natureza opera como uma rede de sistemas interligados, sem hierarquia, onde redes se formam dentro de outras redes. Esse pensamento influenciou a Bioecologia do Desenvolvimento Humano, proposta por Bronfenbrenner (1977), mais conhecido por usar uma estrutura contextual para compreender melhor o desenvolvimento humano, mostrando como os diferentes níveis ecológicos o afeta. Ele descreveu o microssistema como o ambiente imediato do indivíduo; o mesossistema como as inter-relações entre esses ambientes; o exossistema como os contextos que, embora externos ao indivíduo, influenciam seu comportamento e desenvolvimento; e o macrossistema, que abrange cultura e política, impactando os outros níveis. Ampliando esses conceitos, Bronfenbrenner considerou a dinâmica do ciclo de vida e a interação contínua entre o indivíduo e seu contexto, moldando uma compreensão mais ampla do desenvolvimento humano.

A família desempenha um papel fundamental nisso, fornecendo as condições mais importantes para que seus membros se tornem plenamente humanos. Embora outros contextos, como escola, igreja ou creche, também contribuam para esse desenvolvimento, nenhum deles substitui a família como a unidade básica do sistema social. É a família que molda a capacidade de cada indivíduo para funcionar efetivamente em outros ambientes, como a escola, o grupo de amigos, o trabalho e, em última instância, a sociedade como um todo. Essa influência se estende até o final da vida.

Apesar de sua importância, a família não está isenta de vulnerabilidades. As mudanças nas dinâmicas familiares frequentemente geram desafios significativos. Em muitos países, há pouco reconhecimento das demandas que os pais enfrentam. Por exemplo, as mães frequentemente são pressionadas a retornar ao trabalho logo após o nascimento de seus filhos, tratando esse evento como meramente físico, enquanto o desenvolvimento emocional e relacional é ignorado. Da mesma forma, os pais recebem ainda menos apoio, tanto em tempo quanto em incentivo, para desempenhar um papel ativo na criação dos filhos. Em contraste, países como a Suécia possuem políticas de licença parental que permitem aos pais passarem mais tempo com seus filhos nos primeiros anos de vida, promovendo vínculos mais fortes e um desenvolvimento infantil mais saudável.

Essa realidade é amplamente influenciada pelo macrossistema, que engloba todos os níveis da ecologia do desenvolvimento humano, incluindo cultura, instituições, governo e políticas públicas. Como destacou Bronfenbrenner, o macrossistema afeta diretamente as interações em níveis mais imediatos, como o lar e a escola. Pesquisas transgeracionais, como as de Elder *et al.* (1986), mostram como eventos históricos, como a Grande Depressão, impactaram profundamente famílias inteiras. Durante esse período, pais irritáveis e explosivos influenciaram negativamente o desenvolvimento emocional das crianças, criando um legado de comportamento, que persistiu por até quatro gerações. Esses exemplos evidenciam como forças sociais e econômicas afetam a dinâmica familiar, ressaltando a necessidade de políticas públicas que apoiem as famílias em suas diversas demandas.

> O macrossistema consiste no padrão global de características do micro, meso e exossistema de determinada cultura, subcultura ou contexto social mais amplo, em particular os sistemas instigadores de desenvolvimento de crenças, recursos, riscos, estilos de vida, oportunidades estruturais, opções de curso de vida e os padrões de intercâmbio social que são imersas em cada um desses sistemas. O macrossistema pode ser definido como um modelo social para determinada cultura, subcultura ou outro contexto mais amplo. (Bronfenbrenner, 1977, p. 177).

O macrossistema refere-se aos aspectos culturais, institucionais e ideológicos mais amplos que permeiam e afetam todos os outros sistemas dentro de uma sociedade, como o microssistema, o mesossistema e o exossistema. Ele inclui valores culturais, crenças, políticas públicas, sistemas econômicos e sociais que moldam os contextos nos quais as pessoas vivem e interagem. Esse sistema maior influencia tanto os ambientes imediatos quanto as interações interpessoais, oferecendo um pano de fundo para o desenvolvimento humano.

De acordo com Bronfenbrenner, o microssistema é o ambiente mais próximo e direto em que uma pessoa interage, como a família, animais, a escola, o grupo de amigos ou o local de trabalho. É nesse contexto que ocorrem as experiências cotidianas que moldam características pessoais, sociais e emocionais. Por exemplo, no ambiente familiar, as interações com os pais e irmãos ensinam normas sociais, oferecem apoio emocional e promovem habilidades de comunicação. Na escola, as relações com professores e colegas incentivam o desenvolvimento acadêmico e a construção de identidades. Além disso, fatores como a qualidade do espaço físico, os recursos disponíveis e a atmosfera emocional desse ambiente desempenham um papel importante no bem-estar e no crescimento individual.

O mesossistema, por sua vez, conecta diferentes microssistemas, como as relações entre casa e escola, família e grupos de amigos ou escola e ambiente de trabalho. Esses vínculos destacam como os desafios em um contexto podem impactar outros. Por exemplo, dificuldades em casa podem refletir no desempenho escolar, enquanto o sucesso acadêmico pode influenciar positivamente o ambiente familiar. Esse sistema interligado enfatiza a necessidade de uma comunicação eficaz e de parcerias colaborativas entre as instituições que envolvem o indivíduo. A integração dos microssistemas permite potencializar os efeitos positivos de cada ambiente e mitigar os negativos, promovendo um desenvolvimento saudável e equilibrado.

Portanto, compreender esses sistemas interdependentes ajuda a perceber como cada contexto afeta o desenvolvimento humano e como intervenções focadas nas relações entre os sistemas podem trazer benefícios significativos para o bem-estar das pessoas.

> O mesossistema compreende as ligações e os processos que ocorrem entre dois ou mais ambientes, os quais contém a pessoa em desenvolvimento (por ex. as relações entre casa e escola, escola e local de trabalho). Em outras palavras, o mesossistema é um sistema formado por vários microssistemas (Bronfenbrenner, 1977, p. 176).

O exossistema afeta indiretamente o indivíduo, por exemplo o ambiente de trabalho dos pais, políticas e mídia. Ambientes que não envolvem o indivíduo de maneira direta, mas que têm impacto sobre os microssistemas inseridos.

> O exossistema engloba as ligações e os processos que ocorrem entre dois ou mais contextos, nos quais pelo menos um deles não contém ordinariamente a pessoa em desenvolvimento, mas nele ocorrem eventos que influenciam os processos no contexto imediato a que essa pessoa pertence por exemplo, a relação casa e trabalho dos pais; para os pais, a relação entre a escola e a vizinhança (Bronfenbrenner, 1977, p. 177).

Por conseguinte, o macrossistema é a união das características do micro, meso e exossistema existentes em uma cultura, como sistemas de crenças, recursos, riscos, estilos de vida, oportunidades, rumos de vida e padrões que estão encaixados nos sistemas globais. Bronfenbrenner (2011) percebeu em seus estudos sobre as diferenças individuais que a Psicologia do ser humano se integrava em capítulos sequenciais sobre as influências do ambiente e dos fatores genéticos ao longo do desenvolvimento.

TRAJETÓRIA DA TERAPIA FAMILIAR

A Terapia Familiar surgiu na metade do século XX, com foco inicial nos Estados Unidos e em alguns países da Europa. Profissionais e estudiosos buscavam formas mais amplas de compreender e ajudar o indivíduo, considerando seu contexto relacional mais próximo: a família. Essa abordagem integrava o ambiente familiar como um elemento essencial no tratamento psicológico.

Os primeiros fundamentos da Terapia Familiar remontam ao atendimento do Pequeno Hans, conduzido por Freud em 1909. Nesse caso, Freud trabalhou através do pai do menino e outros membros da família, promovendo mudanças significativas na dinâmica familiar. Essa abordagem inovadora destacou a importância do contexto relacional no processo terapêutico (Hintz; Souza, 2009).

No início do século XX, os assistentes sociais desempenharam um papel fundamental no desenvolvimento da Terapia Familiar. Trabalhando diretamente com os grupos familiares, introduziram uma perspectiva ecológica, atendendo o indivíduo em seu ambiente. Mary Richmond, em seu texto *Social Diagnoses* (1917), recomendou o tratamento do grupo familiar como um todo, destacando a necessidade de uma abordagem sistêmica. Esses esforços contribuíram para estabelecer as bases do trabalho terapêutico familiar (Nichols; Schwartz, 2007).

Na década de 1920, cientistas sociais começaram a estudar grupos naturais da sociedade, observando paralelos entre famílias e pequenos grupos. William McDougall, psicólogo social, publicou *The Group Mind*, enfatizando a necessidade de limites, estruturas, diferenciação, costumes e hábitos para o bom funcionamento de grupos e famílias.

Nos anos 1930, o aconselhamento conjugal emergiu como uma prática relevante para a Terapia Familiar, culminando na fundação da Associação Americana de Conselheiros Matrimoniais.

Paralelamente, o psiquiatra e psicanalista infantil Nathan Ackerman começou a observar famílias inteiras em sua clínica, em Nova York. Ele defendia que as famílias deveriam ser vistas como uma "unidade social e emocional", propondo a integração do sistema familiar como uma modalidade de tratamento. Essa perspectiva ajudou a consolidar a Terapia Familiar como uma prática clínica estruturada.

Em 1940, Kurt Lewin liderou uma abordagem científica e empírica da dinâmica de grupo, que se tornou um marco para psicólogos, terapeutas e agentes de mudança social. Sua teoria descrevia as interações entre os indivíduos e seu ambiente como processos orgânicos e interdependentes. Lewin introduziu a ideia de que o grupo é mais do que a soma de seus membros, uma propriedade transcendente que também se aplica às famílias, onde os terapeutas precisam considerar tanto os indivíduos quanto o sistema familiar como um todo. Wilfred Bion, por sua vez, enfatizou que os grupos possuem uma dinâmica própria e uma estrutura oculta. Ele destacou como algumas famílias evitam conflitos, "girando em torno das questões cruciais como um gato em volta de uma cobra". Essas ideias influenciaram profundamente a terapia de grupo, que, por sua vez, teve impacto formativo na Terapia Familiar (Nichols; Schwartz, 1998).

Em 1941, Theodore Lidz iniciou estudos sobre famílias de pacientes esquizofrênicos no Johns Hopkins Hospital, em Baltimore. Ele introduziu conceitos importantes, como o cisma conjugal, que ocorre quando a família se divide em dois grupos opostos, e o desvio conjugal, em que um dos parceiros domina a família de forma dramática devido a uma patologia grave (Barker, 1992; Nichols; Schwartz, 2007). Pouco depois, em 1952, Lyman Wynne começou suas investigações sobre famílias de esquizofrênicos, integrando-se à equipe do National Institute of Mental Health (NIMH). Wynne desenvolveu os conceitos de pseudomutualidade e pseudo-hostilidade. Esses fenômenos refletem situações em que os relacionamentos são mascarados para evitar conflitos reais, prejudicando a percepção e a comunicação autêntica. Muitas vezes, essas dinâmicas surgem como defesa contra experiências passadas dolorosas, como a ansiedade de separação, dificultando a construção de intimidade genuína.

A partir da Segunda Guerra Mundial, a Terapia Familiar começou a se consolidar como uma abordagem distinta no campo da psicoterapia. Nathan Ackerman foi um dos pioneiros a enfatizar a importância da família no tratamento terapêutico, publicando em 1958 o livro *The Psychodynamics of Family Life*, um marco na área. Outro destaque foi Christian Midelfort, que lançou em 1957 o livro *The Family in Psychotherapy*, contribuindo para a compreensão do papel das relações familiares na saúde mental.

Em 1945, Jacob Levy Moreno, criador do psicodrama, introduziu uma abordagem inovadora ao permitir que os pacientes representassem seus conflitos em vez de apenas discuti-los. Essa técnica, conhecida como *role-playing*, tornou-se uma ferramenta poderosa para explorar relacionamentos familiares e resolver problemas. Até hoje, é amplamente utilizada em terapias de grupo e familiares.

Murray Bowen, em 1946, desenvolveu sua pesquisa sobre as relações entre mães e seus filhos esquizofrênicos na Menninger Clinic, levando à formulação do conceito de *diferenciação do self*. Bowen também explorou a simbiose mãe-criança e introduziu a figura paterna na dinâmica familiar, o que o levou a desenvolver o conceito de *triângulos familiares*. Em 1955, sua abordagem com famílias o posicionou como um dos primeiros a estruturar o que se conhece como Terapia Familiar (Nichols; Schwartz, 1998).

Carl Whitaker também desempenhou um papel essencial ao iniciar atendimentos com grupos familiares, concentrando-se em esquizofrênicos e suas famílias. Foi pioneiro no uso de coterapia, defendendo a ideia de que dois terapeutas trabalhando juntos podem oferecer apoio mútuo e enriquecer o processo terapêutico. Ele valorizava a espontaneidade criativa como parte central do trabalho clínico.

Na década de 1950, diversos grupos dedicaram-se ao estudo, à pesquisa e ao tratamento de esquizofrênicos e suas famílias. Entre esses, o Projeto de Esquizofrenia liderado por Gregory Bateson se destacou como uma das bases mais influentes para o desenvolvimento da Terapia Familiar.

Em 1952, Gregory Bateson, em Palo Alto, Califórnia, recebeu financiamento para conduzir pesquisas sobre a comunicação humana, trabalhando em colaboração com Haley, Weakland e William Fry. Dois anos depois, em 1954, iniciaram o *Project for the Study of Schizophrenia*, que se tornou um dos alicerces da Teoria Sistêmica Familiar. Nesse contexto, Bateson desenvolveu o conceito de duplo vínculo, inicialmente aplicado às vivências precoces nos relacionamentos dos esquizofrênicos. Posteriormente, o grupo de Palo Alto descobriu que o duplo vínculo também ocorre nas interações atuais dentro do sistema familiar, especialmente no ambiente das famílias dos pacientes esquizofrênicos.

De acordo com Nichols (1998), o objetivo principal do grupo era desenvolver uma teoria da comunicação que pudesse esclarecer a origem e a natureza do comportamento esquizofrênico. Eles identificaram que o comportamento sintomático muitas vezes serve à função Cibernética de manter o equilíbrio familiar. Nesse processo, um dos membros da família frequentemente assume o papel de "paciente identificado", carregando os sintomas que refletem as tensões do sistema familiar. A equipe utilizou a Teoria da Comunicação para analisar as sequências específicas de interações dentro das famílias, identificando padrões que contribuem para a perpetuação de conflitos e disfunções. Bateson chegou a observar que até mesmo os animais se comunicam, explorando as nuances dessa interação em *Communication: The Social Matrix of Psychiatry* (1951).

Em 1957, Ivan Boszormenyi-Nagy, psicanalista que se tornou terapeuta familiar, fundou o Eastern Pennsylvania Psychiatric Institute, na Filadélfia. Junto com seus colaboradores, ele desenvolveu uma abordagem terapêutica que dava atenção especial aos aspectos multigeracionais das famílias. Boszormenyi-Nagy (1973) propôs o conceito de *Lealdades Invisíveis*, termo que explorava os vínculos e compromissos inconscientes entre gerações. Ele foi coautor do livro que leva esse título e aprofundou seu trabalho em vínculos transgeracionais e no papel do sistema familiar amplo.

Em 1959, Don Jackson fundou o Mental Research Institute (MRI), em Palo Alto, que atraiu profissionais renomados como Virginia Satir, Jay Haley, John Weakland, Paul Watzlawick e Janet Beavin. Virginia Satir foi uma figura marcante na Terapia Familiar, trazendo contribuições inovadoras e técnicas enriquecedoras. Em seu livro *Peoplemaking* (1972), ela descreveu os papéis familiares, como o de conciliador ou o de "desagradável", destacando as dinâmicas internas das famílias.

Em 1965, Salvador Minuchin começou a se integrar ao movimento da Terapia Familiar. Ele pesquisou famílias com filhos delinquentes e, posteriormente, assumiu a direção do Philadelphia Child Guidance Clinic, que se tornou um dos maiores centros de terapia familiar do mundo. Minuchin foi responsável pelo desenvolvimento da Escola Estrutural, que enfatiza a organização familiar em subsistemas e fronteiras claras. Em 1967, Jay Haley deixou Palo Alto e integrou a equipe de Minuchin, consolidando ainda mais a abordagem estrutural.

Na década de 1970, a Terapia Familiar tornou-se amplamente sistêmica e sofisticada, com abordagens diversas disponíveis para aplicação. Na Europa, importantes avanços ocorreram. Maurizio Andolfi, em Roma, iniciou seu trabalho com famílias e, em 1974, fundou a Sociedade Italiana de Terapia Familiar. Inicialmente, ele seguiu o modelo estrutural de Minuchin e Haley, mas posteriormente incorporou o enfoque humanístico de Whitaker. Em 1992, foi criada a Academia de Psicoterapia da Família e Andolfi aplicou uma abordagem intergeracional.

O modelo estratégico de Haley no MRI também influenciou os Associados de Milão: Mara Selvini Palazzoli, Gianfranco Cecchin, Luigi Boscolo e Giuliana Prata. Palazzoli, por exemplo, trabalhou com crianças anoréxicas e, após estudar os escritos da equipe de

Palo Alto, desenvolveu sua própria abordagem para as famílias, marcando sua relevância no campo da Terapia Familiar Sistêmica.

Pallazoli, Boscolo, Cecchin e Prata foram os fundadores do Centro de Estudos da Família de Milão, onde desenvolveram o conhecido Grupo de Milão. Em 1980, o grupo se dividiu, resultando em abordagens terapêuticas distintas. Essa separação marcou uma evolução significativa na Terapia Familiar, ampliando as possibilidades de intervenção.

Nas décadas de 1980 e 1990, Harlene Anderson e Harry Goolishian trouxeram a ideia de objetividade para a Terapia Familiar, fundamentando-se no Construtivismo. Ao mesmo tempo, Kenneth Gergen, um dos principais defensores do Construcionismo Social, enfatizou o papel central da interação social. Segundo Gergen, "nossas crenças são fluidas e mudam de acordo com nosso contexto social" (Nichols; Schwartz, 1998). Ele argumentou que todas as verdades são construções sociais e que a terapia, nesse contexto, é essencialmente um exercício linguístico. Essa visão serviu como base para a Abordagem Narrativa, liderada por Michael White, seu fundador.

Em 1994, Humberto Maturana, biólogo chileno e vencedor do Prêmio Nacional de Ciências Biológicas, desafiou a visão tradicional da dualidade cartesiana ao propor uma abordagem integradora do ser humano. Suas contribuições destacaram a interconexão entre o biológico, o emocional e o social, oferecendo uma perspectiva abrangente que influenciou a prática terapêutica e o pensamento sistêmico.

HISTÓRICO DA TERAPIA FAMILIAR NO BRASIL

As pesquisas apontam para uma grande diversidade na prática da Terapia Familiar no Brasil. Uma contribuição essencial para o desenvolvimento dessa abordagem foi o trabalho dos assistentes sociais, que, ao focar no grupo familiar e atender os indivíduos em seus próprios contextos, introduziram a perspectiva ecológica à Terapia Familiar (Nichols; Schwartz, 2007). Mais tarde, a psiquiatria incorporou a família nos atendimentos, reconhecendo que as questões individuais poderiam estar relacionadas a dinâmicas familiares e a fatores externos, além das origens intrapsíquicas.

Na década de 1970, segundo Souza (1997), houve um movimento significativo que despertou o interesse pela terapia de casal e de família no Brasil. Influências religiosas, como os Encontros de Noivos e de Casais promovidos pela Igreja Católica, impulsionaram a criação de centros de orientação familiar, seguindo modelos similares aos *Child Guidance Centers* da América do Norte. Com a aprovação da Lei do Divórcio em 1977, a demanda por atendimentos voltados à melhoria das relações familiares cresceu. Isso levou à criação de instituições e programas em cidades como Rio de Janeiro, São Paulo, Salvador, Fortaleza, Belo Horizonte, Curitiba e Porto Alegre, que adotaram a abordagem sistêmica para atender famílias com dificuldades de relacionamento.

Esses esforços deram origem a uma rede de centros e iniciativas em diversos estados brasileiros, como Paraná, Santa Catarina, Minas Gerais, Bahia, Ceará, Pernambuco, Brasília, Goiás e Espírito Santo, contribuindo para a consolidação da Terapia Familiar no Brasil. Essas iniciativas buscaram adaptar as práticas às particularidades culturais do país, ampliando o conhecimento e a formação de terapeutas familiares (Hintz; Souza *apud* Osório, 2009a).

A década de 1980 foi um marco importante para o desenvolvimento da Terapia Familiar no Brasil, destacando-se como um período de organização e estruturação do campo. Foi nessa época que surgiu a necessidade de espaços para discussão de ideias e estabelecimento de fundamentos para a prática, dando início aos Encontros de Terapia Familiar. O primeiro encontro, considerado um marco histórico, ocorreu em 1982, em São Paulo, promovido pela Psicologia Clínica da PUC-SP, sob a coordenação de Mathilde Neder e Cléa Palatnik Pilnik. Posteriormente, foram realizados o II Encontro, em 1984, e o III Encontro, em 1986.

Em 1988, o I Encontro Brasileiro de Terapia Familiar foi realizado em Salvador, sob a coordenação de Margarida Rêgo, marcando um avanço significativo ao incluir atividades práticas, como atendimentos ao vivo de famílias. Outros eventos de destaque ocorreram, como o Encontro de Terapia Familiar em Florianópolis, em 1986, organizado por Luiz Carlos Osório e Olga Falceto, com a colaboração de Francisco Baptista Neto e participação de Maurizio Andolfi, que também realizou atendimentos ao vivo.

Nos anos 1990, o campo se consolidou com a realização do II Encontro Brasileiro de Terapia Familiar, em Belo Horizonte, e o encontro seguinte, em Brasília, em 1992, onde foi discutida a fundação de uma entidade nacional que unificasse e fortalecesse o movimento. No IV Encontro Brasileiro de Terapia Familiar, realizado em São Paulo, foi decidido transformar o evento no I Congresso Brasileiro de Terapia Familiar, com o tema *Família: Um lugar seguro para crescer?*. Em 31 de julho de 1994, durante uma assembleia pós-congresso, foi oficialmente fundada a Associação Brasileira de Terapia Familiar (ABRATEF), promovendo uma identidade nacional que integrasse as diferentes realidades socioculturais do país.

Com o crescimento do campo, a qualificação científica dos profissionais passou a ser uma prioridade. Encontros de Formadores Brasileiros começaram a ser organizados, com o objetivo de estudar, discutir e estabelecer critérios mínimos para a formação em Terapia Familiar. O III Encontro de Formadores, realizado em Curitiba, discutiu temas como o "Programa mínimo e qualificação mínima do terapeuta de família", abordando três eixos principais: a fundamentação teórica articulada com a prática, a identidade profissional e ética, e o compromisso com a produção de conhecimento e pesquisa. Esses esforços foram cruciais para fortalecer o ensino da Terapia Familiar e melhorar a qualidade do atendimento às famílias.

Os Congressos e Encontros de Terapia Familiar têm como objetivo principal proporcionar aos profissionais um ambiente de troca de experiências e de conhecimento, promovendo o avanço da prática terapêutica. Em julho de 1994, durante uma assembleia, foi fundada a Associação Brasileira de Terapia Familiar (ABRATEF). Posteriormente, em 15 de março de 1995, foi criada no Rio de Janeiro a Associação de Terapia da Família.

O III Encontro Brasileiro de Terapia Familiar aconteceu no Rio de Janeiro, em julho de 1998, com o tema: *O indivíduo, a família e as redes sociais na virada do século*. Ao longo dos anos, a preocupação com a qualificação científica dos profissionais da área continuou a crescer. Essa demanda levou os pioneiros brasileiros a se organizarem para criar espaços dedicados à troca de conhecimentos, à discussão de critérios mínimos de formação e à promoção de intercâmbios entre formadores. Esse esforço contribuiu para fortalecer o ensino da Terapia Familiar e o atendimento às famílias.

A história da Terapia Familiar no Brasil é marcada por constante renovação e multiplicação de esforços, garantindo que esse campo continue a evoluir e a atender às demandas das famílias de forma significativa.

Em 2011 e 2012, na cidade de Ponta Grossa, Paraná, foi realizada a primeira Pós-Graduação em Terapia Familiar na Faculdade Sant'Ana, coordenada por Yara Martini Kluppel. Fiz parte do grupo, que era formado por integrantes das três primeiras turmas do curso de graduação de Psicologia dessa instituição. Parte do corpo docente da Pós-Graduação era composto por profissionais do INTERCEF (Instituto de Terapia e Centro de Estudos da Família), uma instituição com mais de 30 anos de experiência na formação de terapeutas sistêmicos. Durante a disciplina *Dinâmica de Grupo em Terapia Sistêmica*, foram trabalhadas diferentes modalidades de trabalho com grupos, além de reflexões sobre o papel do facilitador. Nesse contexto, tive meu primeiro contato com as Constelações Familiares de Bert Hellinger, que integram elementos como a Escultura Familiar de Virgínia Satir, o Psicodrama e a Sociometria de Jacob Levy Moreno e Grupo Operativo de Pichon-Rivière.

Em 2015, em Belo Horizonte (MG), participei do Workshop Internacional com Maura Ravizza, especialista em Psicogenealogia Junguiana e Constelação Psicogenealógica, coordenado por Jaqueline Cássia Oliveira da Interação Sistêmica. Durante essa formação, aprofundei-me em conceitos como Ressonância Mórfica e Campos Morfogenéticos de Rupert Sheldrake, além de vivenciar estudos sobre: Segredos, Gêmeo Evanescente, Filho Substituto, Gisant, Cripta e Fantasma.

Em 2016, organizei e ministrei Workshops na Terapia Familiar Sistêmica em Ponta Grossa, Paraná, dando início à Jornada de Relacionamentos e Jornada do Feminino. Esta já iniciada em 2011, com profissionais da saúde.

Em 2019, realizei formação continuada para expandir meu aprendizado, na Alemanha. Durante esse período, presenciei uma palestra de Rupert Sheldrake, biólogo e pesquisador de Cambridge, sobre ressonância mórfica, campos morfogenéticos e a influência desses conceitos na natureza dos campos sociais, aprofundando minha compreensão sobre esses fenômenos e sua aplicação na prática sistêmica. Ademais, foi meu primeiro contato com a Análise de Script Familiar, com atendimento ao vivo realizado por Rüdiger Rogoll, psiquiatra sistêmico.

Em 2020, organizei e ministrei o *I Curso de Psicogenealogia* – Vínculos Transgeracionais, módulo presencial e on-line, em Ponta Grossa, Paraná.

Em 2023, organizei e ministrei a *Terapia Familiar Sistêmica com cavalos*, em Ponta Grossa, Paraná, com participação de famílias.

Em 2024 na realização do *IV Curso de Psicogenealogia* – Vínculos Transgeracionais módulo presencial e on-line, com participação de casais.

PARTE 3

O GENOGRAMA E O CICLO VITAL

Vossos filhos não são vossos filhos.
São os filhos e as filhas da ânsia por si mesma.
Vem de vós, mas não de vós.
E embora vivam convosco, não vos pertencem
Podeis outorgar-lhes vosso amor, mas não vossos
pensamentos.
Podeis abrigar seus corpos, mas não suas almas;
Pois suas almas moram na mansão do amanhã,
Que vós não podeis visitar nem mesmo em sonho.
Podeis esforçar-vos por ser como eles,
mas não procureis fazê-los como vós,
Porque a vida não anda para trás e não se demora com os
dias passados.
Vós sois os arcos dos quais vossos filhos são arremessados
como flechas vivas.
O arquiteto mira o alvo na senda do infinito e vos estica com
toda sua força.
Para que suas flechas se projetem, rápidas e para longe.
Que vosso encurvamento na mão do arquiteto seja
vossa alegria:
Pois assim como ele ama a flecha que voa,
Ama também o arco que permanece estável.

(Khalil Gibran)

De acordo com Betty Carter e Mônica McGoldrick (1995), os genogramas são representações gráficas que retratam a história e os padrões de uma família, revelando sua estrutura, demografia, funcionamento e relacionamentos. Essas ferramentas proporcionam uma perspectiva trigeracional, permitindo observar os movimentos e transições ao longo dos diferentes ciclos de vida de uma família. Eles ajudam a identificar padrões recorrentes em várias fases do ciclo familiar e também os problemas que surgem em eventos inesperados ou irregulares. Há ressonâncias entre indivíduos que ocupam o mesmo lugar na ordem de nascimento, com risco maior de transmissão de cargas emotivas entre esses membros. Carter e McGoldrick descrevem o ciclo de vida familiar como uma espiral em evolução contínua, semelhante a uma escultura familiar. Vale ressaltar, que o genograma é individual e subjetivo, já a árvore genealógica é válida para todos os integrantes de um sistema.

Como o ciclo de vida é circular e repetitivo, é possível iniciar a análise da história familiar em qualquer ponto. Questões não resolvidas em etapas anteriores podem dificultar as transições e gerar complexidades em fases posteriores. Sob uma perspectiva sistêmica, a perda é vista como uma transição importante, capaz de romper os padrões de interação familiar e exigir uma reorganização. Essas mudanças, muitas vezes, desafiam a família a se adaptar, e o genograma permite rastrear os impactos dessas perdas ao longo do tempo.

Na transição para a paternidade, os pais enfrentam o desafio de criar os filhos enquanto buscam manter o relacionamento conjugal. O genograma pode evidenciar estressores que dificultam essa fase, como circunstâncias específicas que envolvem o nascimento de uma criança e que podem influenciar sua posição dentro da família. Além disso, essa ferramenta destaca os triângulos típicos formados entre mãe, pai e criança nesse período, ajudando a compreender as dinâmicas que moldam o funcionamento familiar.

A escultura familiar ou constelação da família, frequentemente representada em genogramas, ilustra as mudanças qualitativas nos relacionamentos entre gerações, especialmente durante a adolescência, quando os interesses dos filhos começam a se expandir para fora do núcleo familiar. Na fase de lançamento, que marca a saída dos filhos de casa em busca de independência, escolhas como profissão ou atividade tornam-se centrais, assim como os possíveis impedimentos que dificultam essa transição. Nessa etapa, os triângulos familiares podem emergir, revelando lealdades, conflitos e dinâmicas intergeracionais.

No filme *O Tempo e o Vento*, inspirado na obra de Érico Veríssimo, citado anteriormente vemos o conflito entre as famílias Terra Cambará e Amaral, fato esse que ressalta a herança de papéis familiares, ressonâncias e como isso se prolonga no ciclo vital.

Já em *Viva – A Vida é uma Festa*, animação da Disney-Pixar, a fase de adolescência vivida por Miguel desafia uma tradição que proíbe a música, enquanto ele busca autonomia na construção de sua identidade como músico. Sua persistência o leva a descobrir a verdadeira história de sua família, ressignificando os valores herdados e promovendo uma reconexão com seus antepassados.

Na obra cinematográfica baseada em *Cem Anos de Solidão*, de Gabriel García Márquez, José Arcádio Buendía e Úrsula enfrentam as crenças familiares e culturais, como a ideia de que seu amor estaria "condenado pelo destino". A repetição de nomes ao longo das gerações reflete uma lealdade inabalável às narrativas familiares, enquanto a simbólica imagem de José Arcádio envolto em uma árvore traduz a interdependência entre memória, identidade e a permanência das histórias no ciclo familiar.

PSICOGENEALOGIA

Take your time.

(Anne Ancelin Schützenberger)

A principal ferramenta da Psicogenealogia é o genossociograma, que expõe conteúdos não revelados ou escondidos em cada indivíduo e no sistema familiar como um todo. Ele torna visíveis segredos, mitos familiares, traumas, repetições, lealdades invisíveis, crenças e conflitos. Esses elementos, que podem influenciar os descendentes de forma inconsciente, podem ser trazidos à consciência, ressignificados e liberados, promovendo transformação e cura.

O genossociograma combina elementos da escultura familiar de Virgínia Satir, das constelações utilizadas no genograma e da sociometria de Moreno, mapeando graficamente os vínculos, papéis, regras, fronteiras e padrões dentro de um sistema familiar. Ele evidencia relações e permite observar como um membro pode, inconscientemente, substituir ou representar outro indivíduo que foi excluído ou ocultado na história familiar. Ao realizá-lo, emoções são liberadas.

Segundo Oliveira (2014), citado no capítulo da história da Terapia Familiar Sistêmica, o átomo social é o segundo instrumento depois do genossociograma que pode ser utilizado. Como já citado, Anne Ancelin ampliou com animais domésticos (cães, gatos, cavalos etc.), certos objetos significativos do passado, instrumentos musicais, lugares, personagens históricos, heróis literários, instituições religiosas ou escolares. Abraça tudo o que está dentro de si: mortos, símbolos e coisas imateriais como brinquedo, um pôr do sol, vestidos entre outros.

Um dos aspectos marcantes da Psicogenealogia é a análise de repetições transgeracionais, como eventos significativos que ocorrem em datas semelhantes (nascimentos, mortes, doenças ou transições importantes). Essa perspectiva coloca em destaque como as histórias das famílias de origem e da família atual se entrelaçam, ajudando a identificar e transformar padrões repetitivos que podem estar limitando a vida dos descendentes.

A Psicogenealogia é fundamentada em três pontos: projeção, identificação e repetição, segundo Monica da Silva Justino. Procurar conhecer o que ficou guardado por muitos anos na história da família, identificar os não-ditos, os segredos que pesam sobre os indivíduos, pode ser uma forma de evitar as repetições. Há situações que ficam guardadas a sete chaves, na tentativa de não mais tocar no assunto e cair no esquecimento e acabam se transformando em conteúdo do inconsciente familiar.

A seguir, alguns conceitos da Psicogenealogia:

Filho de Substituição

Segundo Oliveira (2014), o conceito de "bebê substituto" refere-se a uma criança concebida e criada para ocupar o lugar de um irmão que morreu prematuramente, especialmente em casos em que o luto pela perda não foi devidamente elaborado. Essa dinâmica pode dificultar a construção da personalidade e da identidade do novo indivíduo, sobretudo se lhe for atribuído o mesmo nome do irmão falecido. Um exemplo emblemático é o caso de Vincent Van Gogh, que nasceu um ano após a morte de seu irmão, também chamado Vincent, que faleceu ainda no berço.

De acordo com os estudos, de 2015, da psicóloga italiana Maura Saita Ravizza, um luto não elaborado, um segredo ou algo não dito pode permanecer na memória transgeracional, afetando as gerações seguintes. Muitas vezes, um estado de espera ou um sentimento de desconforto só se dissolve quando esses temas ocultos vêm à tona. Quando o conteúdo é verbalizado ou representado, algo se desbloqueia, trazendo alívio para a pessoa e para o sistema familiar. O uso do genograma pode auxiliar nesse processo, já que a linguagem não verbal, expressa pelo corpo, muitas vezes comunica o que não foi dito em palavras.

Como destacou Watzlawick (2007) em seus Axiomas da Comunicação, "não se pode não comunicar" – toda interação, verbal ou não verbal, carrega uma mensagem. Assim, os sintomas ou sentimentos do indivíduo podem ser vistos como formas de comunicação do sistema familiar, trazendo à luz questões ocultas ou não resolvidas.

Segredos

Como já abordado no início deste livro, os segredos familiares possuem diferentes níveis de impacto, como aponta Oliveira (2014). Esses segredos podem ser devastadores, especialmente para as gerações seguintes, quando envolvem temas delicados como assassinatos, violência, incesto, abortos, falências, alcoolismo, doenças mentais, prisões, ou questões relacionadas à etnia, religião ou política. A vergonha, muitas vezes, está profundamente ligada a esses eventos ocultos, deixando filhos e netos em uma busca incessante pela verdade, muitas vezes guiados por construções imaginárias.

Além disso, é comum que membros da mesma geração ou das subsequentes demonstrem fragilidades físicas ou emocionais em momentos específicos que coincidem com datas significativas, como aniversários, festividades ou períodos do ano associados ao evento traumático. Essas manifestações podem incluir adoecimentos ou outros sinais que revelam como os segredos e traumas do passado continuam a ressoar e a influenciar a dinâmica familiar ao longo do tempo.

A Síndrome do Gêmeo Evanescente

A perda de um gêmeo, conhecida como "gêmeo evanescente", é considerada uma das mais profundas e impactantes na vida de um indivíduo, especialmente quando o luto não é elaborado adequadamente, ainda mais quando não há consciência da existência dele. Esse trauma pode gerar uma série de consequências emocionais e comportamentais ao longo da vida, como ansiedade, depressão, insegurança, medo e baixa autoestima e até mesmo pensamentos suicidas. Muitas vezes, o indivíduo carrega sentimentos de rejeição e frustrações que dificultam o desenvolvimento pleno de sua identidade e propósito de vida.

As repercussões podem se manifestar de diferentes maneiras: envolvimento em relacionamentos abusivos, dificuldade em tomar decisões importantes, como a escolha de uma profissão, ou em concretizar projetos pessoais. Há também relatos de sentimentos de impotência, falta de reconhecimento, adiamento de soluções e atitudes, além de um constante sentimento de perda ou incompletude, mesmo em situações cotidianas, como ao sair de um lugar ou realizar compras. Esses sinais refletem a influência profunda desse vínculo inicial interrompido, afetando a capacidade do indivíduo de se sentir protagonista de sua própria vida.

Cripta e Fantasma

Nicolas Abraham (1919–1975) e Maria Torok (1925–1998) foram psicanalistas de origem húngara que desenvolveram importantes estudos sobre as influências transgeracionais. Viveram e trabalharam na França, onde observaram que alguns pacientes apresentavam sintomas que não tinham origem em experiências reprimidas pessoais, mas pareciam estar relacionados a vivências de gerações anteriores. Essa descoberta levou os dois a aprofundarem suas pesquisas sobre como traumas e segredos familiares podem ser transmitidos ao longo do tempo, afetando os descendentes de forma consciente e inconsciente.

Abraham e Torok introduziram os conceitos de "cripta" e "fantasma" na psicanálise. A "cripta" refere-se a traumas ou segredos não ditos, ocultos por vergonha ou para evitar sofrimento, que acabam sendo "guardados" no inconsciente de uma forma isolada e intocada. Já o "fantasma" surge como uma manifestação desses segredos ou lacunas emocionais deixadas pelo silêncio sobre partes da história familiar. Não se trata de espíritos, mas de um fenômeno psicológico: os segredos não revelados pelos outros criam em nós espaços vazios que, inconscientemente, buscamos preencher. Como Ravizza (2017) afirma, esses "fantasmas" são expressões do que foi silenciado, retornando para buscar resolução e significado.

Gisant

O conceito de Gisant, desenvolvido por Salomon Sellam, segundo Ravizza (2015), refere-se a um indivíduo que, de forma inconsciente, carrega a memória transgeracional de uma morte considerada injusta ou injustificável dentro da família. Essa morte, por exemplo, pode estar relacionada a crianças ou jovens que faleceram devido a doenças ou acidentes, ou a situações em que a pessoa não conseguiu completar as etapas naturais da vida. Quando esse luto não é elaborado, a memória dessa perda pode ser transmitida através das gerações, influenciando o comportamento e as escolhas de um descendente.

O indivíduo que desempenha o papel de Gisant frequentemente tenta, de forma inconsciente, corrigir ou reparar esse drama familiar. Isso pode ocorrer por meio de escolhas profissionais, de relacionamentos, ou até mesmo pelo desenvolvimento de doenças ou padrões de comportamento específicos. Segundo Justino (2017), compreender essa dinâmica pode ajudar a ressignificar essas memórias e trazer alívio para os descendentes, rompendo o ciclo de repetição e promovendo um processo de cura no sistema familiar.

RESSONÂNCIAS E CAMPOS MORFOGENÉTICOS

Em 2019, na Alemanha, durante uma formação continuada, tive a oportunidade de assistir à palestra de Rupert Sheldrake, criador da Teoria dos Campos Morfogenéticos. Essa teoria explora como humanos, animais e o universo em geral compartilham uma memória natural, sendo influenciados por campos invisíveis que conectam e moldam sistemas. Sheldrake (2019) sugere que esses campos, responsáveis pela ressonância mórfica, conectam elementos semelhantes ao longo do tempo, funcionando como uma espécie de "inconsciente coletivo", conceito alinhado às ideias de Jung.

A ressonância mórfica ocorre quando sistemas compartilham semelhanças, como se as memórias fossem transmitidas de um para outro. Por exemplo, nossas memórias podem ser influenciadas por quem somos no passado, criando uma conexão entre tempos e indivíduos. Isso ajuda a explicar fenômenos como a herança transgeracional, em que padrões e memórias familiares atravessam gerações.

Sheldrake (2019) usa exemplos da natureza para ilustrar os campos mórficos, como bandos de pássaros ou cardumes de peixes que se movem em perfeita sincronia, conectados por um campo que coordena seus movimentos. Da mesma forma, grupos sociais e familiares são unidos por esses campos, que mantêm a conexão entre os membros mesmo à distância. Estudos com lobos mostram que eles conseguem "se comunicar" mesmo separados, utilizando sons, vibrações e, possivelmente, um tipo de telepatia ou sentimento distante (*tele* – distância; *patia* – empatia). Esses exemplos demonstram que os campos mórficos não são conceitos periféricos ou esotéricos, mas ferramentas importantes para compreender as dinâmicas de conexão e memória nos sistemas vivos.

A telepatia, como descrita por Rupert Sheldrake (2019), é um fenômeno observado entre animais, especialmente aqueles que compartilham vínculos profundos. Sheldrake aponta que a consciência é um problema central na ciência materialista, já que, se o universo é composto por matéria inconsciente, a existência da nossa consciência se torna um paradoxo. Ele sugere que os animais, com quem podemos nos conectar profundamente, são o melhor ponto de partida para entender esses fenômenos.

Em seus estudos, Sheldrake relatou experimentos com cães e gatos que pareciam saber quando seus donos estavam voltando para casa, mesmo sem pistas sensoriais diretas. Esse tipo de conexão, ele afirma, ocorre entre indivíduos que compartilham um vínculo emocional significativo, como mães e bebês. Por exemplo, mulheres que amamentam podem sentir que seus filhos precisam delas, com respostas fisiológicas e inconscientes que antecedem a percepção racional.

Sheldrake (2019) também relaciona esse fenômeno ao funcionamento dos campos sociais, como aqueles encontrados em tribos durante rituais ou em equipes esportivas. Esses campos criam uma estrutura de conexão entre os membros. Quando um papel dentro do campo é desocupado, outra pessoa pode assumir esse lugar, como ocorre em famílias. Segundo ele, a pressão para se conformar ao grupo surge da própria dinâmica do campo, e não de julgamentos de certo ou errado. Se alguém desobedece às demandas do campo, pode sentir culpa; se as cumpre, sente-se inocente.

Na perspectiva de Sheldrake (2019), as famílias também têm um campo que molda as relações e é influenciado pela epigenética e pela ressonância mórfica. A epigenética, que explica como o ambiente e o estilo de vida podem modificar a expressão genética, complementa a ideia de que o campo familiar é herdado e estruturado por semelhanças entre os ancestrais paternos e maternos. Esses conceitos, apresentados em sua palestra na Alemanha em 2019, fornecem um panorama intrigante para compreender as conexões profundas entre indivíduos dentro de sistemas sociais e familiares. Esses campos, que operam por ressonância, carregam informações que se manifestam inconscientemente por meio de padrões de comportamento, crenças e hábitos transmitidos entre gerações.

Sheldrake (2019) afirma que a conexão de um indivíduo com um Campo Morfogenético permite o acesso a informações comportamentais herdadas de seus ancestrais. Quanto mais pessoas compartilham um comportamento específico, mais forte e influente se torna o campo associado a ele, perpetuando padrões ao longo do tempo. Assim, os comportamentos e as experiências de gerações passadas são transmitidos transgeracionalmente, moldando o presente com base nas vivências ancestrais e reforçando a repetição de padrões até que novos modelos sejam introduzidos.

Esse entendimento evidencia que o passado influencia diretamente o presente, criando semelhanças entre gerações e perpetuando a continuidade de comportamentos ancestrais. No entanto, Sheldrake destaca que a transformação é possível quando novos padrões de comportamento são repetidos e incorporados ao campo, substituindo os antigos. Essas alterações não apenas afetam o indivíduo, mas também reverberam no sistema como um todo, trazendo mudanças significativas e possibilitando a criação de novos hábitos e perspectivas para as gerações futuras.

A teoria de Sheldrake também enfatiza a responsabilidade ética dos indivíduos em relação ao impacto de suas ações no sistema. O histórico de saúde, hábitos e comportamentos de antepassados pode predispor os descendentes a desafios semelhantes, mas a cadeia de influência pode ser quebrada pela conscientização e pela criação de novos padrões de vida. Esse processo ressalta a importância do autoconhecimento e da transformação individual, que nunca são isolados, mas sempre afetam a coletividade.

Além de oferecer uma compreensão mais aprofundada sobre conceitos como o inconsciente coletivo de Carl Gustav Jung, os Campos Morfogenéticos sustentam práticas terapêuticas. Essa abordagem, amplamente reconhecida, tem demonstrado como a ressonância dos campos pode facilitar mudanças profundas e duradouras nos sistemas familiares e sociais, indicando que os conceitos de Sheldrake continuam a reverberar e a influenciar positivamente a sociedade e suas estruturas.

Figura 5 – Movimentos Sistêmicos Assistidos por cavalos (Campos do Jordão-SP, 2022)

Fonte: acervo pessoal (2022)

Terapia Familiar Sistêmica, Campos Morfogenéticos e Movimentos Sistêmicos Assistidos por cavalos.

Figura 6 – Pintura (foto) de Saulo Pfeiffer

Fonte: Saulo Pfeiffer (2022)

Terapia Familiar Sistêmica, Campos Morfogenéticos e Movimentos Assistidos por Cavalos.

PARTE 4

CASOS CLÍNICOS

Herdamos traumas e segredos inconscientes, ao olhar para essas heranças e torná-las conscientes, é possível ressignificar e libertar-se dos padrões familiares que nos limitam.

(Rosiane Silvestre Jansen)

Os seguintes casos, com nomes fictícios para preservar a identidade dos pacientes e/ou clientes, apresentam relatos sucintos retirados das sessões de terapia, bem como das jornadas de relacionamento, do feminino e do curso de psicogenealogia. Relatos de fases do processo psicoterapêutico, pelas dificuldades apresentadas de seguir adiante em determinados ciclos de vida e desenvolvimento humano. São partes cruciais para a tomada de consciência do indivíduo como também do lugar que ele ocupa na sua estrutura familiar.

Caso 1 – Pietra

Pietra, 36 anos, sexo feminino, professora, solteira. Procurou terapia após tentativa de suicídio. Relatava pensamentos suicidas e já havia realizado tratamento com psiquiatra, porém não teve o resultado esperado. Sempre quis ser mãe, engravidou do namorado, teve depressão pós-parto. Na sua história familiar, identificou-se um padrão no qual a avó materna *"não criou a minha mãe devido ao preconceito, isso na década de 1950"*. O primeiro namorado de Pietra faleceu um pouco antes de ela decidir visitá-lo pela última vez. Ela, ao fazer o genossociograma, conseguiu compreender o seu lugar na família de origem e ressignificar o papel do seu primeiro namorado, em sua vida, com o qual teve o primeiro relacionamento sexual, assim como verificou que tinha um gêmeo evanescente – *"sentia como se estivesse observando a minha vida de fora, em uma espécie de distanciamento"; "Comprava praticamente tudo em dobro"*. Pietra encontrou seu equilíbrio. *"[...] Sinto que liberei espaço no HD para coisas novas, tinha mania de ajudar e me colocar na frente de tudo"*. À medida que foi avançando em sua jornada de autoconhecimento, de forma consciente e gradual, *"a necessidade de comprar em dobro cessou e a necessidade de ser o centro da família também"*.

Caso 2 – Marcelo

Marcelo, 50 anos, sexo masculino, profissional da área da saúde, casado. Buscou psicoterapia devido a *"não estar sabendo envelhecer".* Realizou o genossociograma e verificou sua posição e sua ligação com o avô paterno. Relatou conexão intensa com o tempo e com a pontualidade. No decorrer do processo, expôs ter herdado o relógio de bolso do avô. Além disso, observou que a idade com que o avô faleceu era a mesma idade de Marcelo quando se casou. Ele expressou que, cada vez que se aproximava de determinado horário, ele tinha um sentimento e um comportamento repetitivos. *"Fui evoluindo, como se tivesse virado uma chave, esclarecedor o que antes era um peso em relação a horários. Se eu não soubesse disso, estaria carregando um peso".* Marcelo encerrou o processo psicoterapêutico e falou que estava sabendo envelhecer. *"Estou cuidando do corpo, da mente e do espírito e me sentindo muito bem".* O conteúdo transgeracional do tempo, o relógio e o avô, trouxe esse esclarecimento para ele. *"Saindo da cirurgia e indo almoçar veio muito forte o tempo, liguei uma música, relaxei e foi leve".*

Caso 3 – Wanderleia

Wanderleia, 47 anos, sexo feminino, profissional da saúde, separada. Buscou atendimento devido a questões que não entendia, "preciso olhar para elas". Segundo relato *"meu nascimento foi complicado, porque minha mãe e eu quase morremos. Não se fala sobre esse assunto na família, sinto que há algo que não pode ser falado. Sempre trabalhei por duas. Percebi isso quando minha filha e meu genro perguntaram se eu não me cansava. Até então, não tinha me dado conta de que precisava e podia descansar. Tive muita tristeza e depressão em determinado período".* Durante sua jornada de autoconhecimento foi realizado o trabalho com bonecos na Terapia Familiar Sistêmica, a posição do gêmeo causou sensações e emoções na cliente. *"Agora eu sei o lugar que eu ocupo no sistema. Foi preenchido um lugar, estou sentindo tranquilidade e leveza".*

Caso 4 – Bianca

Bianca, 28 anos, sexo feminino, pesquisadora, solteira. Relatou em sua primeira sessão que fazia terapia em outra abordagem e *"não saía do lugar"*. Há um tempo estava "estressada, ansiosa, com tonturas e preocupações". Explanou questões sobre sexualidade, orientação sexual, mestrado e cobranças. Morou um ano no exterior, devido às atividades de mestrado, próxima à localidade de origem de sua família paterna. Relatou uma forte ligação com o avô paterno, que era um modelo para ela, e que, durante a estadia dela no exterior, faleceu. *"Foi chocante"*. *O segundo nome de Bianca é o mesmo de sua avó materna, que falecera um mês antes de seu nascimento*. No processo psicoterapêutico foi realizado ritual terapêutico para ansiedade e elaboração dos lutos. A realização do genossociograma, onde verificou a figura de autoridade de seu avô, do qual "parecia filha e única neta que desejava falar a mesma língua", o lugar do segundo irmão, e o terceiro lugar que verdadeiramente ocupa em sua família. Desse lugar, tomou consciência dos padrões repetitivos com autoridades em seus relacionamentos. A partir disso, ela explanou que não desejava mais a vida acadêmica, realizando transições. *"Senti alívio em ter desvendado o papel e a função de cada um. Tenho como propósito área nova e outro tempo na pesquisa, com planos para indústria. Quero novas experiências e não tenho medo de mudar"*.

Observação: Bianca, em meados do seu processo psicoterapêutico, participou na Terapia Sistêmica com cavalos, em família. Presenciou nos movimentos com cavalos a ordem na sua família de origem e padrão familiar, já vista em seu genossociograma. *"Fiquei sentimental e chorei muito ao voltar para casa"*.

Figura 7 – Terapia Familiar Sistêmica com Cavalos

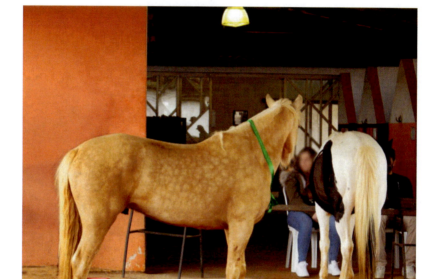

Fonte: acervo pessoal (2023)

Figura 8 – Terapia Familiar Sistêmica com Cavalos

Fonte: acervo pessoal (2023)

Ninguém sai do lugar enquanto não tomar consciência e ressignificar o seu lugar, dando-lhe um novo sentido.

(Rosiane Silvestre Jansen)

REFERÊNCIAS

AUN, Juliana Gontijo; VASCONCELOS, Maria José Estedes de; COELHO, Sonia Vieira. **Atendimento Sistêmico de famílias e redes sociais:** fundamentos teóricos e epistemológicos. Belo Horizonte: Ophicina de Arte & Prosa, 2005.

BAPTISTA, Maria Cecília Veluk Dias. O Psicodrama e a Terapia Familiar. *In:* OSÓRIO, Luiz Carlos (org.). **Manual de Terapia Familiar.** v. 1. Porto Alegre: Artmed, 2009, p. 139-149.

BATESON, Gregory. **Naven:** a survey of the problems suggested by a composite picture of the culture of a New Guinea tribe drawn from three points of view (1936). Stanford: Stanford University Press, 1958. (Trad. Bras. Magda Lopes. São Paulo, Editora da Universidade de São Paulo, 2008).

BATESON, Gregory. **Mind and Nature.** Nova Iorque: Bantam Books, 1979.

BOSZORMENYI-NAGY, Ivan; SPARK, Geraldine. **Invisible Loyalties:** Reciprocity in intergerneration Family therapy. 2. ed. New York: Brunner/Mazel, 1984. (Obra original publicada em 1973).

BRONFENBRENNER, Urie. **Bioecologia do desenvolvimento humano:** tornando os seres humanos mais humanos. Tradução de André de Carvalho-Barreto; revisão técnica de Silvia H. Koller. Porto Alegre: Artmed, 2011.

CARTER, Betty; McGOLDRICK, Monica. **As mudanças no ciclo de vida familiar:** uma estrutura para a terapia familiar. 2. ed. Porto Alegre: Artmed, 1995. (Trad. Maria Adriana Veríssimo Veronese).

CEM Anos de Solidão. Adaptação do romance de Gabriel Garcia Márquez. Colômbia: Dynamo, 2024. Série exibida pela Netflix.

COLOMBO, Sandra Fedullo (org.). **Gritos e sussurros, interseções e ressonâncias.** 1. ed. São Paulo: Vetor, 2006.

FÉRES-CARNEIRO, Terezinha. **Família: diagnóstico e terapia**. Petrópolis, RJ: Vozes, 1996.

FERREIRA, Antonio J. Family myth and homeostasis. **Archives of General Psychiatry**, v. 9, n. 5, p. 457-463, 1963.

FOERSTER, Heins Von [1974]. Cibernética de la cibernética. *In*: PAKMAN, Marcelo. **Las semillas de la cibernética**. Obras escogidas de Heins Von Foerster. Barcelona: Editorial Gedisa, 1991.

GARCIA MÁRQUEZ, Gabriel. **Cem anos de solidão**. 91. ed. Rio de Janeiro: Record, 2015. (Trad. Eric Nepomuceno).

GRANDESSO, Marilene. **Sobre a reconstrução do significado**: uma análise epistemológica e hermenêutica da prática clínica. 3. ed. São Paulo: Casa do Psicólogo, 2011.

GRANDESSO, Marilene. Desenvolvimentos em terapia familiar: das teorias às práticas e das práticas às teorias. *In*: OSÓRIO, Luiz Carlos (org.). **Manual de Terapia Familiar**. vol.1. Porto Alegre: Artmed, 2009, p. 104-118.

GIBRAN, Khalil. Vossos filhos não são vossos filhos. *In:* GIBRAN, Khalil. **O profeta**. Rio de Janeiro: Ediouro, 2009. (Trad. Ricardo R. Silveira).

HINTZ, Helena C.; Souza, Marli Olina de. A Terapia Familiar no Brasil. *In*: OSÓRIO, Luiz Carlos (org.). **Manual de Terapia Familiar**. vol.1. Porto Alegre: Artmed, 2009, p. 91-103.

ILUMINADOS. Intérprete e compositor: Ivan Lins. In: Mãos. Rio de Janeiro, Gravadora Universal, 1987. CD.

IMBER-BLACK, Evan. **Os segredos na família e na terapia familiar**. Porto Alegre: Artes Médicas, 1994.

JUSTINO, Mônica. **Psicogenealogia**: um novo olhar na transmissão da memória familiar. 1. ed. Curitiba: Appris, 2017.

CAÇADOR de Mim. Intérprete: Milton Nascimento. Compositores: Sérgio Magrão e Luiz Carlos Sá. *In:* Caçador de Mim. Minas Gerais: Ariola, 1981. CD.

MATURANA, Humberto. Biology of cognition. *In:* MATURANA, Humberto; VARELA, Francisco. **Autopoiesis and cognition:** the realization of the living. Dordrecht: D. Reidel, 1969.

McGOLDRICK, Monica; RANDY, Gerson. O genetograma e o ciclo de vida familiar. *In:* CARTER, Betty: McGOLDRICK, Mônica. **As Mudanças no Ciclo de Vida Familiar: Uma Estrutura para a Terapia Familiar.** 2. ed. Porto Alegre: Artmed, 1995. (Trad. Maria Adriana Veríssimo Veronese).

MINUCHIN, Salvador. **Famílias e casais:** do sintoma ao sistema. Tradução de Jorge Dellamora Mello. Porto Alegre: Artmed, 2009.

MINUCHIN, Salvador; FISHMAN, Charles H. **Técnicas de Terapia Familiar.** Porto Alegre: Artmed, 1990.

MONTE Castelo. Intérprete: Legião Urbana. Compositor: Renato Russo. *In:* As quarto Estações. Rio de Janeiro: EMI Music Brasil Ltda, 1989.

MORIN, Edgar. **Os sete saberes necessários à Educação do Futuro.** São Paulo: Cortez/Unesco, 1999.

MORENO, Jacob Levy. **Fundamentos de La Sociometria.** 2. ed. Buenos Aires: Pardós, 1972.

MORENO, Jacob Levy; MORENO, Zerka T. **Fundamentos do Psicodrama.** São Paulo: Summer, 1983.

NICHOLS, Michael P.; SCHWARTZ, Richard C. **Terapia Familiar:** Conceitos e Métodos. Porto Alegre: Artmed, 1998.

OLIVEIRA, Jaqueline Cássia. **Psicogenealogia Sistêmica:** O romance familiar contado pelo genograma. Belo Horizonte: Interação Sistêmica Edições, 2014.

ORAÇÃO ao tempo. Intérprete e compositor: Caetano Veloso. *In:* Cinema Transcendental. Rio de Janeiro: Phillips/Polygram, 1979. LP, CD.

OSÓRIO, Luiz Carlos; VALLE, Maria Elizabeth Pascual do (org.). **Manual de Terapia Familiar.** vol. 1. Porto Alegre: Artmed, 2009.

PICHON-RIVIÈRE, Enrique. **O processo grupal.** Coleção Textos de Psicologia. 8. ed. São Paulo: Editora WMF Martins Fontes, 2009.

PRIGOGINE, Ilya; STENGERS, Isabelle. **A nova aliança:** a metamorfose da ciência. Brasília: Ed, 1984.

RAVIZZA, Maura Saita. **Jung, Psicogenealogia e Constelações Familiares.** Tradução: Jaqueline Cássia de Oliveira. Belo Horizonte: Interação Sistêmica, 2017. Ebook.

RAVIZZA, Maura Saita. **Psicogenealogia e atti simbolici.** Torino: Golem Edizioni, 2016.

RAVIZZA, Maura Saita. **Workshop Internacional:** Psicogenealogia e Constelações Psicogenealógicas. Belo Horizonte, 2015.

RUFFIOT, André. Fonction Mythopoieetique de la famille. Application à la Thérapie de famille. **Dialogue,** v. 70, p. 3-19, 1980.

SCHÜTZENBERGER, Anne Ancelin. Transgenerational analysis and psychodrama: applying and extending Moreno's concepts of the co-unconscious and the social atom to transgenerational links. *In*: BAIM, Clark; BURMEISTER, Jorge; MACIEL, Manuela (ed.). **Psychodrama:** advances in theory and practice, Londres: Routledge, 2007, p. 155-174.

SHELDRAKE, Rupert. **Os cães sabem quando seus donos estão chegando.** Editora Objetiva, 2000.

SHELDRAKE, Rupert. **Palestra.** Alemanha, 2019.

SLUZKI, Carlos E. Terapia familiar construtivista. *In*: **Workshop promovido pela Workshopsy.** São Paulo, p. 15-17, set. 1994.

SOMOS quem podemos ser. Intérprete: Engenheiros do Hawaí. Compositor: Humberto Gessinger. *In:* Ouça o que eu digo: não ouça ninguém. Intérprete: Engenheiros do Hawaí. São Paulo: RCA, 1988. 1 CD, faixa 1.

STEINGLASS, Peter; BENNETT, Linda; WOLLIN, Steven; REISS, David. **La Familia alcohólica**. Barcelona: Gedisa Editorial, 1989.

VASCONCELOS, Maria J. E. **Pensamento Sistêmico**: O novo paradigma da ciência. 10. ed. rev. e atual. Campinas, SP: Papirus, 2013.

VERÍSSIMO, Érico. **O tempo e o vento**. Jayme Monjardim. Globo Filmes, 2013.

VIVA, a vida é uma festa. Direção: Lee Unkrich. Codireção: Adrian Molina; Darla K. Anderson. Pixar Animation Studios, Walt Disney Pictures, 2015.

WATZLAWICK, P; HELMICK, J, B; JACKSON, D. **A pragmática da comunicação humana**. São Paulo: Cultrix, 2007.